Wok und Raclette Kochbuch

Das große 2-in-1 Kochbuch mit einfachen und leckeren Wok- und Raclette-Rezepten. Von klassischem Käse-Raclette bis hin zu traditionellen Wok-Gerichten aus Asien.

Inhalt

Wok

Vorwort

Liebe Leserin, lieber Leser,

es freut mich, dass du dich für dieses Kochbuch entschieden hast. Das Kochen mit dem Wok ist eine Leidenschaft, die ich mit dir in diesem Rezeptbuch teilen möchte. Diese Kochmethode, die tief in der asiatischen Küche verwurzelt ist, fasziniert durch ihre Schnelligkeit und das Versprechen, gesund und aromatisch zu kochen. Sobald du den Wok das erste Mal benutzt und die Hitze spürst, wirst du verstehen, wie spannend diese Art zu kochen sein kann. Du wirst schnell merken, dass du mit einfachen Techniken beeindruckende Gerichte voller Geschmack kreieren kannst.

In diesem Buch findest du eine Auswahl an Rezepten, die von klassisch bis kreativ reichen und die dir helfen sollen, das Beste aus deinem Wok herauszuholen. Sie sind dazu gedacht, dich zu ermutigen, deine eigene Note einzubringen und die Vielfalt deiner Küche zu bereichern. Ob es nun um das perfekte Anbraten von Gemüse geht, das sanfte Garen von Fisch oder das schnelle Brutzeln von Fleisch – du wirst hier die Techniken finden, die dein Kocherlebnis auf ein neues Level heben.

Dieses Kochbuch richtet sich an dich – ganz egal, ob du gerade erst anfängst oder bereits Erfahrung mit dem Wok hast. Du wirst sehen, dass es nicht um strikte Regeln geht, sondern darum, Raum für deine Kreativität zu schaffen. Fühl dich frei, die Rezepte nach deinem Geschmack zu verändern und eigene Ideen einzubringen.

Ich hoffe, dass dieses Buch dich inspiriert und dir das Vertrauen gibt, diese Rezepte zu Hause auszuprobieren. Vielleicht findest du ja sogar ein neues Lieblingsgericht.

Hinweis zu den Rezepten

Du wirst vielleicht bemerkt haben, dass in meinem Kochbuch etwas fehlt, was in vielen anderen Kochbüchern üblich ist: Bilder. Ich habe lange über diese Entscheidung nachgedacht und möchte dir gerne erläutern, warum ich diesen unkonventionellen Weg gewählt habe.

In erster Linie glaube ich fest daran, dass das Kochen eine Kunst ist, und wie bei jeder Kunst, spielen Vorstellungskraft und Kreativität eine entscheidende Rolle. Wenn ich dir genau vorschreibe und zeige, wie ein Gericht aussehen sollte, dann könnte ich ungewollt deine eigene Kreativität und Vorstellungskraft einschränken. Ich möchte, dass du dir beim Lesen meiner Rezepte eigene Bilder in deinem Kopf formst, dass du die Zutaten und das Endprodukt in deiner Vorstellung farbenfroh und lebendig visualisierst.

Dann gibt es da noch einen weiteren, sehr persönlichen Grund. Ich bin der Meinung, dass Bilder oft Erwartungen setzen. Wie oft habe ich schon ein Gericht nach einem Rezept zubereitet und war enttäuscht, weil es nicht genau so aussah wie auf dem Bild? Diesen Druck, ein perfektes, fotogenes Ergebnis zu erzielen, möchte ich dir ersparen. Ich möchte, dass du das Kochen genießt, ohne dich ständig mit einem Bild vergleichen zu müssen. Es geht um den Geschmack, das Erlebnis und das Teilen von Mahlzeiten mit denen, die dir nahe stehen, nicht um die Perfektion eines Fotos.

Ein weiterer Aspekt ist die Einzigartigkeit. Jeder von uns hat einen anderen Geschmack, andere Vorlieben und einen anderen Stil beim Anrichten. Wenn du mein Rezept nimmst und es zu deinem eigenen machst, wird es etwas Einzigartiges sein, etwas, das nur du so kreieren kannst. Und dieser Gedanke erfüllt mich mit Freude.

Schließlich möchte ich, dass mein Kochbuch nicht nur eine Anleitung, sondern auch eine Inspirationsquelle ist. Ich hoffe, dass du die Freiheit, die ich dir durch das Fehlen von Bildern gebe, als eine Einladung siehst, zu experimentieren, zu improvisieren und über den Tellerrand hinauszuschauen.

Chinesische Gerichte

Knuspriger Tofu mit Sojasauce

Zubereitungszeit: 20 Minuten
Portionen: 1 Person

Zutaten:

- 200 g fester Tofu, in Würfel geschnitten
- 1 EL Sojasauce
- 1 EL Sesamöl
- 1 EL Maisstärke
- 1 rote Paprika, in Streifen geschnitten
- 2 Frühlingszwiebeln, in Ringe geschnitten
- 2 Knoblauchzehen, fein gehackt
- 1 Stück frischer Ingwer (ca. 2 cm), fein gehackt
- 1 EL Sonnenblumenöl
- Salz und Pfeffer nach Geschmack
- 1 TL Sesamsamen

Zubereitung:

1. Zuerst den Tofu in die Maisstärke geben und gut vermengen, sodass alle Seiten der Tofuwürfel bedeckt sind.

2. Nun das Sesamöl in den Wok geben und auf mittlere Hitze bringen. Sobald das Öl heiß ist, die Tofuwürfel hinzufügen und für etwa 5-7 Minuten braten, bis sie rundherum goldbraun und knusprig sind. Anschließend den Tofu aus dem Wok nehmen und beiseitestellen.

3. Im nächsten Schritt das Sonnenblumenöl in den Wok geben und die Hitze leicht erhöhen. Die gehackten Knoblauchzehen und den Ingwer hinzufügen und für etwa 1 Minute anbraten, bis sie duften.

4. Jetzt die Paprikastreifen in den Wok geben und für weitere 2-3 Minuten braten, bis sie weich sind, aber noch Biss haben.

5. Die Frühlingszwiebelringe hinzufügen und alles gut durchmischen.

6. Nun den gebratenen Tofu und die Sojasauce in den Wok geben und alles gut vermengen. Mit Salz und Pfeffer abschmecken und für weitere 2 Minuten braten.

7. Zum Schluss den Wok vom Herd nehmen und den Inhalt auf einen Teller geben. Danach mit Sesamsamen bestreuen. Guten Appetit.

Süß-saures Hähnchen

Zubereitungszeit: 30 Minuten
Portionen: 1 Person

Zutaten:

- 150 g Hähnchenbrust, in Streifen geschnitten
- 1 kleine Karotte, in dünne Scheiben geschnitten
- 1/2 rote Paprika, in Streifen geschnitten
- 1 Frühlingszwiebel, in Ringe geschnitten
- 1 Knoblauchzehe, fein gehackt
- 1 EL Sojasauce
- 1 EL Reisessig
- 1 TL Zucker
- 2 TL Ketchup
- 1 TL Maisstärke, aufgelöst in 2 EL Wasser
- 2 EL Sonnenblumenöl
- Salz und Pfeffer nach Geschmack

Zubereitung:

1. Erhitze das Sonnenblumenöl in einem Wok auf hoher Temperatur. Gib die Hähnchenstreifen hinzu und brate sie schnell an, bis sie rundum braun und durchgegart sind. Nimm das Hähnchen aus dem Wok und stelle es beiseite.

2. Im selben Wok reduziere die Hitze auf mittlere Stufe und füge die Karotten, die Paprika und den Knoblauch hinzu. Rühre alles gut um und brate es für etwa 3 Minuten, bis das Gemüse anfängt, weich zu werden.

3. Gib die Hähnchenstreifen zurück in den Wok. Füge Sojasauce, Reisessig, Zucker und Ketchup hinzu. Rühre alles gut um, damit die Zutaten sich vermischen und das Hähnchen mit der Sauce überzogen ist.

4. Lasse das Ganze für 2 Minuten köcheln. Rühre dann die aufgelöste Maisstärke ein und koche alles unter Rühren weiter, bis die Sauce eingedickt ist.

5. Zum Schluss füge die Frühlingszwiebelringe hinzu, würze mit Salz und Pfeffer nach Geschmack und rühre alles noch einmal gut um.

6. Serviere das Gericht direkt aus dem Wok. Guten Appetit.

Rindfleisch mit Brokkoli

Zubereitungszeit: 20 Minuten
Portionen: 1 Person

Zutaten:

- 150 g Rindfleisch, in Streifen geschnitten
- 100 g Brokkoli, in Röschen geteilt
- 1 Karotte, in dünne Streifen geschnitten
- 1 Knoblauchzehe, fein gehackt
- 1 Stück Ingwer (ca. 2 cm), fein gehackt
- 2 EL Sojasauce
- 1 EL Austernsauce
- 1 TL Sesamöl
- 1 TL Zucker
- 2 EL Sonnenblumenöl
- 50 ml Wasser
- Salz und Pfeffer nach Geschmack
- 1 Frühlingszwiebel, in Ringe geschnitten

Zubereitung:

1. Erhitze das Sonnenblumenöl in deinem Wok auf hoher Stufe. Sobald das Öl heiß ist, gib das Rindfleisch hinzu und brate es für 2-3 Minuten an, bis es braun und fast gar ist. Nimm das Fleisch dann aus dem Wok und lege es beiseite.

2. Im selben Wok gibst du nun den Knoblauch und den Ingwer hinzu. Brate beides für etwa 1 Minute an, bis es duftet, aber aufpassen, dass es nicht verbrennt.

3. Jetzt kommen die Brokkoliröschen und die Karottenstreifen dazu. Rühre alles gut um und brate das Gemüse für weitere 3-4 Minuten an.

4. Füge das Rindfleisch wieder hinzu, sowie Sojasauce, Austernsauce, Sesamöl und Zucker. Gib auch das Wasser hinzu und lasse alles für weitere 2-3 Minuten köcheln, bis das Gemüse bissfest und das Fleisch komplett durch ist.

5. Schmecke das Gericht mit Salz und Pfeffer ab und rühre noch einmal gut um.

6. Zum Schluss gibst du die Frühlingszwiebeln hinzu, rührst alles noch einmal um und servierst das Gericht. Guten Appetit.

Gebratene Nudeln mit Gemüse

Zubereitungszeit: 20 Minuten
Portionen: 1 Person

Zutaten:

- 150 g Mie-Nudeln
- 1 EL Sojasauce
- 1 EL Austernsauce
- 1 TL Sesamöl
- 1 TL frischer Ingwer, fein gehackt
- 1 Knoblauchzehe, fein gehackt
- 1 Frühlingszwiebel, in Ringe geschnitten
- 50 g Karotten, in Streifen geschnitten
- 50 g Zucchini, in Streifen geschnitten
- 50 g rote Paprika, in Streifen geschnitten
- 2 EL Sonnenblumenöl
- Eine Prise Salz und Pfeffer
- Frischer Koriander

Zubereitung:

1. Zuerst setzt du einen Topf mit Wasser auf den Herd und bringst es zum Kochen. Sobald das Wasser kocht, gibst du die Mie-Nudeln hinein und kochst sie nach Packungsanleitung. Achte darauf, dass sie nicht zu weich werden. Nach dem Kochen gießt du sie ab und spülst sie unter kaltem Wasser ab, damit sie nicht weiter garen.

2. Nun erhitzt du das Sonnenblumenöl in deinem Wok auf hoher Stufe. Gib den gehackten Knoblauch und Ingwer in den Wok und brate sie für etwa 30 Sekunden an, bis sie duften.

3. Jetzt kommen die Gemüsestreifen dazu. Brate sie unter ständigem Rühren für etwa 3-4 Minuten, bis sie bissfest sind.

4. Im nächsten Schritt fügst du die abgekühlten Mie-Nudeln hinzu und brätst alles gemeinsam unter Rühren für weitere 2 Minuten an.

5. Zum Schluss gibst du die Sojasauce, Austernsauce und das Sesamöl über die Nudeln und das Gemüse. Würze alles mit einer Prise Salz und Pfeffer und rühre gut um.

6. Nun gibst du die Frühlingszwiebeln dazu und mischst alles noch einmal gut durch.

7. Das Gericht auf einem Teller anrichten und mit frischem Koriander garnieren. Guten Appetit.

Wok-Gemüse mit Austernsauce

Zubereitungszeit: 20 Minuten
Portionen: 1 Person

Zutaten:

- 100 g Brokkoli, in kleine Röschen geschnitten
- 1 Karotte, in dünne Scheiben geschnitten
- 1 rote Paprika, in Streifen geschnitten
- 1 Frühlingszwiebel, in Ringe geschnitten
- 2 EL Sojasauce
- 1 EL Austernsauce
- 1 TL Sesamöl
- 1 TL frischer Ingwer, fein gehackt
- 1 Knoblauchzehe, fein gehackt
- 2 EL Sonnenblumenöl
- 1 TL Sesamsamen
- Eine Prise Salz
- Eine Prise Pfeffer

Zubereitung:

1. Erhitze das Sonnenblumenöl in deinem Wok auf hoher Flamme. Gib den gehackten Knoblauch und Ingwer hinzu und brate beides für etwa 30 Sekunden an, bis es duftet.

2. Gib die Brokkoliröschen und Karottenscheiben in den Wok und brate sie für 2-3 Minuten unter ständigem Rühren an.

3. Nun kommen die Paprikastreifen und Frühlingszwiebelringe dazu. Weiterhin alles gut umrühren und für weitere 2-3 Minuten braten.

4. Reduziere die Hitze ein wenig und gib die Sojasauce, Austernsauce und das Sesamöl hinzu. Würze das Gemüse mit einer Prise Salz und Pfeffer und rühre alles gut um.

5. Lass das Gemüse noch für ein paar Minuten im Wok, bis es gar, aber noch bissfest ist. Zum Schluss streue die Sesamsamen über das Gemüse. Guten Appetit.

Hähnchen Kung Pao

Zubereitungszeit: 20 Minuten
Portionen: 1 Person

Zutaten:

- 150 g Hähnchenbrust, in Würfel geschnitten
- 1 EL Sojasauce
- 1 EL Shaoxing-Wein
- 1 TL Maisstärke
- 2 EL Erdnussöl
- 2 Frühlingszwiebeln, in Ringe geschnitten
- 1 Knoblauchzehe, fein gehackt
- 1 TL frischer Ingwer, fein gehackt
- 1/2 rote Paprika, in Streifen geschnitten
- 1/2 grüne Paprika, in Streifen geschnitten
- 1 TL Szechuanpfeffer
- 1 TL Zucker
- 1 TL Chiliflocken
- 2 EL Erdnüsse, geröstet
- 1 TL Sesamöl
- Reis oder Nudeln zum Servieren

Zubereitung:

1. Vermische in einer kleinen Schüssel die Hähnchenwürfel mit der Sojasauce, dem Shaoxing-Wein und der Maisstärke. Lass das Ganze für etwa 10 Minuten marinieren.

2. Erhitze das Erdnussöl in einem Wok auf hoher Stufe. Füge die marinierten Hähnchenwürfel hinzu und brate sie für 2–3 Minuten an, bis sie durchgegart sind. Nimm das Hähnchen aus dem Wok und stelle es beiseite.

3. Im gleichen Wok füge die Frühlingszwiebeln, den Knoblauch, den Ingwer, die rote und grüne Paprika hinzu und brate alles für etwa 2 Minuten an.

4. Füge den Szechuanpfeffer, den Zucker und die Chiliflocken hinzu und brate alles für weitere 2 Minuten.

5. Gib das angebratene Hähnchen zurück in den Wok und füge die Erdnüsse hinzu. Brate alles unter ständigem Rühren für weitere 2 Minuten.

6. Nimm den Wok vom Herd und träufle das Sesamöl über das Gericht. Rühre alles gut um.

7. Serviere das Gericht heiß über Reis oder Nudeln. Guten Appetit.

Schweinefleisch mit Ingwer und Frühlingszwiebeln

Zubereitungszeit: 25 Minuten
Portionen: 1 Person

Zutaten:

- 150 g Schweinefilet, in dünne Streifen geschnitten
- 1 EL Sojasauce
- 1 EL Shaoxing-Wein
- 1/2 TL Maisstärke
- 2 EL Sonnenblumenöl
- 2 Frühlingszwiebeln, das Weiße und Grüne getrennt und beides in Ringe geschnitten
- 1 Stück Ingwer (ca. 2 cm), geschält und fein gehackt
- 2 Knoblauchzehen, geschält und fein gehackt
- 1/2 TL Zucker
- 1/4 TL Salz
- 1/4 TL frisch gemahlener schwarzer Pfeffer
- 2 EL Wasser

Zubereitung:

1. Mische in einer kleinen Schüssel die Schweinefleischstreifen mit der Sojasauce, dem Shaoxing-Wein und der Maisstärke. Lass das Ganze für etwa 15 Minuten marinieren.

2. Erhitze 1 EL des Sonnenblumenöls in deinem Wok auf hoher Stufe. Sobald das Öl heiß ist, gib die Schweinefleischstreifen hinein und brate sie für etwa 2-3 Minuten an, bis sie durchgegart und leicht gebräunt sind. Nimm das Fleisch aus dem Wok und stelle es beiseite.

3. Gib den verbleibenden 1 EL Sonnenblumenöl in den Wok. Füge den Ingwer, den Knoblauch, den weißen Teil der Frühlingszwiebeln, den Zucker, das Salz und den schwarzen Pfeffer hinzu. Brate alles für etwa 1-2 Minuten an, bis der Ingwer und der Knoblauch duften.

4. Gib das angebratene Schweinefleisch zurück in den Wok und füge die 2 EL Wasser hinzu. Rühre alles gut um und brate es für weitere 1-2 Minuten, bis das Fleisch glänzt und die Sauce leicht eingedickt ist.

5. Zum Schluss gib den grünen Teil der Frühlingszwiebeln dazu, rühre alles noch einmal um und serviere dein Gericht. Guten Appetit.

Gebratener Reis mit Ei

Zubereitungszeit: 20 Minuten
Portionen: 1 Person

Zutaten:

- 150 g vorgekochter Reis (am besten vom Vortag)
- 1 Bio-Ei
- 1 kleine Karotte, gewürfelt
- 50 g Erbsen, frisch oder tiefgekühlt
- 1 Frühlingszwiebel, in Ringe geschnitten
- 2 EL Sojasauce
- 1 TL Sesamöl
- 1 TL Sonnenblumenöl
- Salz und Pfeffer Geschmack
- Eine Prise Zucker
- Frischer Koriander

Zubereitung:

1. Erhitze das Sonnenblumenöl in deinem Wok auf mittlerer bis hoher Stufe. Achte darauf, dass der Wok richtig heiß ist, bevor du loslegst.

2. Gib die gewürfelte Karotte in den Wok und brate sie für etwa 2-3 Minuten an, bis sie anfängt weich zu werden. Rühre dabei ständig um, damit nichts anbrennt.

3. Füge die Erbsen hinzu und brate sie weitere 2 Minuten mit.

4. Nun schiebe das Gemüse an den Rand des Woks und schlage das Ei direkt in die Mitte. Lass es kurz stocken und rühre es dann schnell unter das Gemüse.

5. Gib den vorgekochten Reis dazu. Zerdrücke eventuelle Klümpchen und mische alles gut durch.

6. Würze das Ganze mit Sojasauce, Sesamöl, Salz, Pfeffer und einer Prise Zucker. Rühre alles gut um.

7. Zum Schluss füge die Frühlingszwiebeln hinzu und brate alles nochmals 1-2 Minuten durch.

8. Richte den gebratenen Reis auf einem Teller an und garniere das Ganze mit frischem Koriander. Guten Appetit.

Garnelen in süß-saurer Sauce

Zubereitungszeit: 20 Minuten
Portionen: 1 Person

Zutaten:

- 150 g Garnelen, geschält und entdarmt
- 1 kleine rote Paprika, in Streifen geschnitten
- 1 kleine Karotte, in dünne Scheiben geschnitten
- 1 Frühlingszwiebel, in Ringe geschnitten
- 1 Knoblauchzehe, fein gehackt
- 20 ml Sojasauce
- 20 ml Reisessig
- 10 g Zucker
- 1 TL Speisestärke
- 50 ml Wasser
- 2 EL Sonnenblumenöl
- Salz und Pfeffer nach Geschmack

Zubereitung:

1. Zuerst mischst du in einer kleinen Schüssel die Sojasauce, den Reisessig, den Zucker, die Speisestärke und das Wasser. Rühre alles gut durch, bis sich der Zucker und die Stärke aufgelöst haben.

2. Erhitze das Sonnenblumenöl in deinem Wok auf hoher Stufe. Wenn das Öl heiß ist, gibst du die Garnelen hinzu und brätst sie für 2-3 Minuten, bis sie fast gar sind. Nimm die Garnelen dann aus dem Wok und lege sie beiseite.

3. Im selben Wok brätst du nun den Knoblauch, die Paprikastreifen und die Karottenscheiben für etwa 3-4 Minuten an, bis das Gemüse etwas weicher geworden ist.

4. Gib die Garnelen zurück in den Wok und rühre die Sojasauce-Mischung noch einmal gut durch, bevor du sie ebenfalls in den Wok gibst.

5. Rühre alles gut durch und lasse es für weitere 2-3 Minuten kochen, bis die Sauce eingedickt ist und die Garnelen komplett gar sind.

6. Schmecke das Gericht mit Salz und Pfeffer ab und rühre zum Schluss die Frühlingszwiebeln unter.

7. Serviere dein Gericht direkt aus dem Wok. Guten Appetit.

Mapo Tofu

Zubereitungszeit: 20 Minuten
Portionen: 1 Person

Zutaten:

- 150 g Seidentofu, in Würfel geschnitten
- 100 g Rinderhackfleisch
- 1 EL Sojasauce
- 1 EL Austernsauce
- 1 EL Szechuanpfeffer
- 2 EL Sonnenblumenöl
- 2 Frühlingszwiebeln, gehackt
- 2 Knoblauchzehen, fein gehackt
- 1 Stück Ingwer (ca. 2 cm), fein gehackt
- 1 TL Chiliflocken
- 1 TL Speisestärke, in 2 EL Wasser aufgelöst
- 200 ml Hühnerbrühe
- Salz nach Geschmack

Zubereitung:

1. Erhitze das Sonnenblumenöl in deinem Wok auf hoher Flamme. Sobald es heiß ist, füge das Rinderhackfleisch hinzu und brate es kräftig an, bis es braun und krümelig ist.

2. Reduziere die Hitze auf mittlere Stufe und gib den gehackten Knoblauch, Ingwer und die Chiliflocken hinzu. Rühre alles gut um und lasse es für 1-2 Minuten anbraten, bis es duftet.

3. Füge nun die Sojasauce, Austernsauce und den Szechuanpfeffer hinzu. Rühre alles gut um und lasse es weitere 2 Minuten köcheln.

4. Nun gibst du die Hühnerbrühe und die Tofuwürfel hinzu. Achte darauf, die Tofuwürfel vorsichtig unterzuheben, damit sie nicht zerfallen. Lass alles für etwa 5 Minuten köcheln.

5. Rühre die aufgelöste Speisestärke unter und lasse alles nochmals aufkochen, bis die Sauce eindickt. Schmecke das Gericht mit Salz ab und passe die Würze nach deinem Geschmack an.

6. Zum Schluss streue die gehackten Frühlingszwiebeln über das Gericht und rühre sie vorsichtig unter. Guten Appetit.

Gebratener Blumenkohl

Zubereitungszeit: 15 Minuten
Portionen: 1 Person

Zutaten:

- 200 g Blumenkohl, in Röschen zerteilt
- 1 EL Sojasauce
- 1 EL Sesamöl
- 1 Frühlingszwiebel, in Ringe geschnitten
- 2 Knoblauchzehen, fein gehackt
- 1 Stück Ingwer (ca. 2 cm), fein gehackt
- 1/2 rote Paprika, in Streifen geschnitten
- 1 EL Erdnussöl
- Eine Prise Chiliflocken
- 1 TL Sesamsamen
- Salz nach Geschmack

Zubereitung:

1. Erhitze das Erdnussöl in deinem Wok auf hoher Flamme, bis es richtig heiß ist. Das Öl sollte fast rauchen.

2. Gib den gehackten Knoblauch und Ingwer in den Wok und brate sie für etwa 30 Sekunden an, bis sie duften.

3. Füge die Blumenkohlröschen hinzu und brate sie für 3-4 Minuten unter ständigem Rühren an, bis sie leicht gebräunt und bissfest sind.

4. Nun kommen die roten Paprikastreifen dazu. Rühre alles gut um und brate es weitere 2 Minuten.

5. Drücke das Gemüse mit dem Wokwender an den Rand des Woks, so dass die Mitte frei wird. Gieße das Sesamöl in die Mitte und lasse es heiß werden.

6. Gib die Frühlingszwiebelringe in das heiße Öl und brate sie für eine Minute, dann mische alles gut durch.

7. Jetzt die Sojasauce und die Chiliflocken hinzufügen und alles gut vermengen. Brate alles noch 1-2 Minuten weiter, bis der Blumenkohl die Sojasauce aufgenommen hat und glänzt.

8. Zum Schluss mit Salz abschmecken und die Sesamsamen darüber streuen.

9. Serviere das Gericht direkt aus dem Wok. Guten Appetit.

Chinesischer Glasnudelsalat

Zubereitungszeit: 15 Minuten
Portionen: 1 Person

Zutaten:

- 50 g Glasnudeln
- 1 kleine Karotte, in feine Streifen geschnitten
- 1 Frühlingszwiebel, in dünne Ringe geschnitten
- 1/4 rote Paprika, in feine Streifen geschnitten
- 5 g frischer Koriander, grob gehackt
- 1 EL Sojasauce
- 1 TL Sesamöl
- 1 TL Reisessig
- 1 Knoblauchzehe, fein gehackt
- 1/2 TL frischer Ingwer, fein gehackt
- 1 TL Sesamsamen
- 2 EL Erdnussöl
- Salz nach Geschmack

Zubereitung:

1. Setze Wasser in einem kleinen Topf auf und bringe es zum Kochen. Gib die Glasnudeln hinein und koche sie für 3-4 Minuten, bis sie weich sind. Gieße sie ab und spüle sie unter kaltem Wasser ab, um den Kochprozess zu stoppen.

2. Erhitze das Erdnussöl in deinem Wok auf hoher Stufe. Gib die Karottenstreifen hinein und brate sie für 2 Minuten, bis sie leicht knusprig sind.

3. Füge die Frühlingszwiebeln und die roten Paprikastreifen hinzu. Brate alles für weitere 2 Minuten unter ständigem Rühren.

4. Nun kommen Knoblauch und Ingwer dazu. Rühre gut um, damit nichts anbrennt, und brate alles für eine weitere Minute.

5. Reduziere die Hitze auf mittlere Stufe. Gib die Glasnudeln in den Wok und füge Sojasauce, Sesamöl und Reisessig hinzu. Mische alles gut durch.

6. Schmecke den Salat ab und füge bei Bedarf noch etwas Salz hinzu. Gib zum Schluss den gehackten Koriander und die Sesamsamen dazu und mische alles noch einmal gut durch.

7. Richte den Salat auf einem Teller an. Guten Appetit.

Peking-Ente im Wok

Zubereitungszeit: 30 Minuten
Portionen: 1 Person

Zutaten:

- 150 g Entenbrust, Hautseite geritzt
- 1 EL Sojasauce
- 1 TL Honig
- 1 TL Reiswein oder trockener Sherry
- 2 Knoblauchzehen, fein gehackt
- 1 Stück Ingwer (ca. 2 cm), fein gehackt
- 150 g Pak Choi, gewaschen und grob geschnitten
- 1 Karotte, geschält und in dünne Scheiben geschnitten
- 100 g frische Champignons, in Scheiben geschnitten
- 1 EL Erdnussöl
- Salz und Pfeffer nach Geschmack
- 1 Frühlingszwiebel, in Ringe geschnitten

Zubereitung:

1. Mische in einer kleinen Schüssel die Sojasauce, den Honig und den Reiswein oder Sherry.

2. Erhitze das Erdnussöl in deinem Wok auf hoher Stufe und lege die Entenbrust mit der Hautseite nach unten hinein. Brate sie für etwa 3–4 Minuten, bis die Haut schön kross ist.

3. Wende die Entenbrust und brate sie auf der anderen Seite für weitere 2–3 Minuten. Nimm sie dann aus dem Wok und lege sie beiseite.

4. Im verbleibenden Fett brätst du nun den Knoblauch und den Ingwer für etwa 1 Minute an, bis sie duften.

5. Füge die Karottenscheiben und die Champignons hinzu und brate alles für weitere 2–3 Minuten.

6. Nun kommt der Pak Choi dazu. Rühre alles gut durch und brate es für weitere 2 Minuten.

7. Schneide die Entenbrust in dünne Scheiben und gib sie wieder in den Wok.

8. Gieße die Sojasauce-Honig-Mischung darüber und wende alles vorsichtig, sodass die Ente mit der Sauce überzogen wird.

9. Lass alles noch 1–2 Minuten zusammen schmoren, bis die Ente durchgegart ist.

10. Mit Salz und Pfeffer abschmecken und die Frühlingszwiebelringe darüber streuen. Guten Appetit.

Pak Choi mit Pilzen

Zubereitungszeit: 15 Minuten
Portionen: 1 Person

Zutaten:

- 150 g Pak Choi, gewaschen und längs halbiert
- 100 g frische Champignons, in Scheiben geschnitten
- 1 kleine rote Zwiebel, fein gehackt
- 2 Knoblauchzehen, fein gehackt
- 1 cm frischer Ingwer, fein gehackt
- 2 EL Sojasauce
- 1 EL Sesamöl
- 1 TL Honig
- 1 TL Sambal Oelek (Chilipaste)
- 1 TL Speisestärke, in 2 EL Wasser aufgelöst
- 1 EL Sonnenblumenöl
- Frischer Koriander, gehackt
- Einige Sesamsamen, geröstet

Zubereitung:

1. Erhitze das Sonnenblumenöl in einem Wok auf hoher Stufe. Sobald das Öl heiß ist, füge die Champignons hinzu und brate sie für 3-4 Minuten, bis sie goldbraun sind. Nimm die Pilze aus dem Wok und stelle sie beiseite.

2. Im selben Wok gibst du jetzt das Sesamöl hinzu und lässt es heiß werden. Dann füge die Zwiebeln, den Knoblauch und den Ingwer hinzu und brate alles für etwa 2 Minuten an, bis die Zwiebeln glasig sind.

3. Füge nun den Pak Choi hinzu und brate ihn 2-3 Minuten mit. Achte darauf, dass du ihn immer wieder wendest, damit er von allen Seiten angebraten wird.

4. In der Zwischenzeit verrührst du die Sojasauce, den Honig und das Sambal Oelek in einer kleinen Schüssel. Gib diese Mischung jetzt in den Wok und rühre gut um.

5. Gib die angebratenen Pilze wieder in den Wok und rühre alles gut durch.

6. Zum Schluss gibst du die aufgelöste Speisestärke hinzu und lässt alles noch einmal aufkochen, bis die Sauce sämig wird.

7. Alles auf einem Teller anrichten und mit dem frischem Koriander und den gerösteten Sesamsamen garnieren. Guten Appetit.

Thailändische Gerichte

Pad Thai

Zubereitungszeit: 20 Minuten
Portionen: 1 Person

Zutaten:

- 100 g breite Reisnudeln, vorab nach Packungsanleitung eingeweicht
- 150 g Hühnerbrust, in Streifen geschnitten
- 1 Karotte, in feine Streifen geschnitten
- 50 g Sojasprossen
- 1 Frühlingszwiebel, in Ringe geschnitten
- 1 EL Erdnussöl
- 1 Bio-Ei, verquirlt
- 2 EL Tamarindenpaste
- 1 EL Sojasauce
- 1 TL Fischsauce
- 1 TL Zucker
- 1 Knoblauchzehe, fein gehackt
- 1/2 TL Chiliflocken
- 1 Bio-Limette, in Spalten geschnitten
- 2 EL geröstete Erdnüsse, grob gehackt
- Frischer Koriander

Zubereitung:

1. Erhitze das Erdnussöl in deinem Wok auf mittlerer bis hoher Hitze. Gib die Hühnerstreifen hinein und brate sie für etwa 3-4 Minuten, bis sie durchgegart sind. Nimm die Hühnerstreifen aus dem Wok und lege sie beiseite.

2. Im selben Wok füge den fein gehackten Knoblauch hinzu und brate ihn für etwa 30 Sekunden an, bis er duftet. Achte darauf, dass er nicht verbrennt.

3. Füge nun die eingeweichten Reisnudeln hinzu und brate sie für 1-2 Minuten mit.

4. Schiebe die Nudeln auf eine Seite des Woks und gieße das verquirlte Ei auf die andere Seite. Lass das Ei kurz stocken und rühre es dann unter die Nudeln.

5. Gib die Hühnerstreifen, die Karottenstreifen, die Sojasprossen und die Frühlingszwiebelringe zum Rest in den Wok.

6. Würze das Ganze mit Tamarindenpaste, Sojasauce, Fischsauce, Zucker und Chiliflocken. Rühre alles gut um.

7. Serviere das Gericht direkt aus dem Wok, garniert mit den Limettenspalten, den gehackten Erdnüssen und frischem Koriander. Guten Appetit.

Gebratenes Hähnchen mit Basilikum

Zubereitungszeit: 20 Minuten
Portionen: 1 Person

Zutaten:

- 150 g Hähnchenbrust, in dünne Streifen geschnitten
- 1 Handvoll frische Basilikumblätter
- 1 rote Paprika, in dünne Streifen geschnitten
- 2 Frühlingszwiebeln, in Ringe geschnitten
- 2 EL Sojasauce
- 1 EL Fischsauce
- 1 TL Zucker
- 2 EL Sonnenblumenöl
- 1 Knoblauchzehe, fein gehackt
- 1 kleines Stück Ingwer, fein gehackt
- Saft einer halben Bio-Limette
- Eine Prise Salz
- Frisch gemahlener schwarzer Pfeffer nach Geschmack

Zubereitung:

1. Erhitze das Sonnenblumenöl in deinem Wok auf hoher Stufe, bis es leicht zu rauchen beginnt. Gib den gehackten Knoblauch und Ingwer in den Wok und brate sie unter ständigem Rühren für etwa 30 Sekunden an, bis sie duften.

2. Füge die Hähnchenstreifen hinzu und brate sie für 2-3 Minuten, bis sie rundum braun und fast gar sind. Achte darauf, dass du sie ständig rührst, damit sie nicht anbrennen.

3. Gib die Paprikastreifen und Frühlingszwiebelringe dazu und brate alles weitere 2 Minuten unter ständigem Rühren.

4. Reduziere die Hitze auf mittlere Stufe und füge die Sojasauce, Fischsauce und den Zucker hinzu. Rühre gut um.

5. Lass das Ganze noch 2 Minuten köcheln, bis das Hähnchen komplett durchgegart ist.

6. Nimm den Wok vom Herd und rühre die frischen Basilikumblätter und den Limettensaft unter. Würze mit einer Prise Salz und frisch gemahlenem schwarzen Pfeffer.

7. Zum Schluss alles auf einem Teller anrichten. Guten Appetit.

Thai-Curry mit Rindfleisch

Zubereitungszeit: 20 Minuten
Portionen: 1 Person

Zutaten:

- 150 g Rindfleisch, in Streifen geschnitten
- 1 Karotte, in dünne Scheiben geschnitten
- 1 rote Paprika, in Streifen geschnitten
- 1 Zwiebel, gewürfelt
- 2 EL grüne Currypaste
- 200 ml Kokosmilch, ungesüßt
- 2 EL Sojasauce
- 1 TL Zucker
- 1 EL Sonnenblumenöl
- Frischer Koriander
- Eine Handvoll Cashewnüsse, grob gehackt
- 1 Bio-Limette, in Viertel geschnitten
- Salz nach Geschmack

Zubereitung:

1. Erhitze das Sonnenblumenöl in deinem Wok auf hoher Flamme. Sobald das Öl heiß ist, gib die Rindfleischstreifen hinzu und brate sie an, bis sie rundum braun sind. Nimm das Fleisch aus dem Wok und lege es beiseite.

2. In demselben Wok gibst du nun die Zwiebelwürfel hinzu und brätst sie an, bis sie glasig sind.

3. Füge die Karottenscheiben und Paprikastreifen hinzu und brate alles zusammen für weitere 3 Minuten unter ständigem Rühren.

4. Nun kommt die Currypaste dazu. Verteile sie gleichmäßig im Wok und brate sie kurz mit an.

5. Gieße die Kokosmilch hinzu und rühre gut um, sodass sich die Currypaste komplett in der Kokosmilch auflöst.

6. Gib das angebratene Rindfleisch zurück in den Wok und lasse alles für etwa 5 Minuten köcheln, bis das Fleisch durchgegart ist und die Sauce etwas eingedickt ist.

7. Würze das Curry mit Sojasauce, Zucker und Salz nach Geschmack. Rühre alles noch einmal gut durch.

8. Serviere das Thai-Curry und garniere es mit frischem Koriander, gehackten Cashewnüssen und Limettenvierteln. Guten Appetit.

Garnelen mit Knoblauch und Pfeffer

Zubereitungszeit: 15 Minuten
Portionen: 1 Person

Zutaten:

- 150 g Garnelen, geschält und entdarmt
- 2 Knoblauchzehen, fein gehackt
- 1 rote Chilischote, entkernt und in dünne Ringe geschnitten
- 1 EL Sojasauce
- 1 TL Fischsauce
- 1 TL Zucker
- 1/2 TL schwarzer Pfeffer
- 2 EL Sonnenblumenöl
- 1 Frühlingszwiebel, in Ringe geschnitten
- 1/2 Bio-Limette, der Saft davon
- Frischer Koriander, grob gehackt

Zubereitung:

1. Erhitze das Sonnenblumenöl in einem Wok auf hoher Hitze. Achte darauf, dass der Wok richtig heiß ist, bevor du die Garnelen hinzufügst.

2. Gib die Garnelen in den Wok und brate sie für etwa 2 Minuten, bis sie fast durchgegart sind. Rühre dabei ständig um.

3. Füge den gehackten Knoblauch und die Chiliringe hinzu und brate alles weitere 2 Minuten. Dabei immer schön rühren, damit nichts anbrennt.

4. Reduziere die Hitze auf mittlere Stufe und füge die Sojasauce, Fischsauce, Zucker und schwarzen Pfeffer hinzu. Vermische alles gut miteinander und lasse es für 1-2 Minuten köcheln.

5. Zum Schluss gibst du die Frühlingszwiebelringe und den Limettensaft hinzu. Rühre alles noch einmal gut um und koche es für eine weitere Minute.

6. Nimm den Wok vom Herd und richte die Garnelen auf einem Teller an. Garniere das Ganze mit dem frischen Koriander. Guten Appetit.

Grünes Gemüse in Kokosmilch

Zubereitungszeit: 20 Minuten
Portionen: 1 Person

Zutaten:

- 150 g frische Zuckerschoten, gewaschen und die Enden ab-geschnitten
- 1 kleine Karotte, geschält und in dünne Scheiben geschnitten
- 1 Frühlingszwiebel, gewaschen und in Ringe geschnitten
- 1 kleine rote Paprika, gewa-schen und in Streifen geschnit-ten
- 1 EL Kokosöl
- 1 TL frischer Ingwer, geschält und fein gehackt
- 1 Knoblauchzehe, geschält und fein gehackt
- 200 ml Kokosmilch, ungesüßt
- 1 TL Sojasauce
- 1 TL Fischsauce
- 1 Prise Zucker
- Frischer Koriander, gewaschen und grob gehackt
- 1 Bio-Limette, in Spalten ge-schnitten
- Salz und Pfeffer nach Ge-schmack

Zubereitung:

1. Erhitze das Kokosöl in deinem Wok auf mittlerer Hitze. Gib den Ingwer und den Knoblauch hinein und brate beides für etwa 1 Minute an, bis es duftet.

2. Füge die Karottenscheiben hinzu und brate sie für 2 Minuten, bis sie etwas weicher geworden sind.

3. Nun kommen die Zuckerschoten und die Paprikastreifen dazu. Alles zusam-men solltest du weitere 2–3 Minuten braten, bis das Gemüse bissfest ist.

4. Gib die Frühlingszwiebelringe dazu und brate alles nochmals für 1 Minute.

5. Lösche das Gemüse mit der Kokosmilch ab und rühre Sojasauce, Fischsauce und den Zucker unter. Lass das Ganze für 5 Minuten leicht köcheln, bis die Sauce etwas eingedickt ist.

6. Schmecke das Gericht mit Salz und Pfeffer ab und rühre den Koriander unter.

7. Serviere dein Gericht und garniere es mit den Limettenspalten. Guten Appe-tit.

Thai-Ananas-Reis

Zubereitungszeit: 20 Minuten
Portionen: 1 Person

Zutaten:

- 150 g Basmatireis
- 150 g frische Ananas, gewürfelt
- 1 kleine Karotte, in Streifen geschnitten
- 1 Frühlingszwiebel, in Ringe geschnitten
- 1 kleine rote Paprika, in Streifen geschnitten
- 2 EL Sojasauce
- 1 EL Fischsauce
- 1 TL brauner Zucker
- 1 TL frischer Ingwer, fein gerieben
- 1 Knoblauchzehe, fein gehackt
- 2 EL Sonnenblumenöl
- Ein paar Blätter frischer Koriander
- 1 Bio-Limette, geviertelt

Zubereitung:

1. Koche den Basmatireis nach Packungsanleitung und stelle ihn beiseite.
2. Erhitze das Sonnenblumenöl in einem Wok auf mittlerer bis hoher Hitze.
3. Füge den Ingwer und den Knoblauch hinzu und brate sie für etwa eine Minute, bis sie duften.
4. Gib die Karottenstreifen hinzu und brate sie für weitere 2 Minuten, bis sie etwas weich geworden sind.
5. Füge die roten Paprikastreifen und die Frühlingszwiebelringe hinzu und brate alles für weitere 2 Minuten.
6. Nun kommen die Ananaswürfel dazu. Brate sie für 3 Minuten, bis sie goldbraun sind.
7. Streue den braunen Zucker über die Ananas und rühre gut um.
8. Gib den gekochten Reis dazu und vermische alles gründlich.
9. Gieße die Sojasauce und die Fischsauce über den Reis und rühre alles gut um, bis der Reis braun gefärbt ist.
10. Lasse alles noch 2 Minuten im Wok braten.
11. Schmecke alles ab und passe die Würze nach Geschmack an.
12. Serviere das Gericht auf einem Teller und garniere es mit den frischen Korianderblättern und den Limettenvierteln. Guten Appetit.

Wok-Gemüse mit Erdnusssauce

Zubereitungszeit: 20 Minuten
Portionen: 1 Person

Zutaten:

- 100 g Brokkoli, in Röschen geschnitten
- 100 g Karotten, in dünne Scheiben geschnitten
- 100 g Zuckerschoten, geputzt
- 50 g rote Paprika, in Streifen geschnitten
- 1 kleine Zwiebel, gewürfelt
- 2 EL cremige Erdnussbutter
- 1 EL Sojasauce
- 1 EL Honig
- 1 TL Sesamöl
- 1 Knoblauchzehe, fein gehackt
- 200 ml Wasser
- 1 EL Sonnenblumenöl
- Salz und Pfeffer nach Geschmack
- Frischer Koriander und geröstete Erdnüsse

Zubereitung:

1. Erhitze das Sonnenblumenöl in deinem Wok auf hoher Stufe. Sobald das Öl heiß ist, füge die Zwiebeln hinzu und brate sie für 2 Minuten an, bis sie glasig sind.

2. Gib den Knoblauch dazu und brate alles für weitere 30 Sekunden.

3. Nun kommen die Karotten und der Brokkoli in den Wok. Brate sie unter ständigem Rühren für 5 Minuten an.

4. Füge die Zuckerschoten und rote Paprika hinzu, brate alles weitere 3 Minuten.

5. In der Zwischenzeit kannst du die Erdnusssauce zubereiten. Vermische dazu die Erdnussbutter, Sojasauce, Honig, Sesamöl und Wasser in einer kleinen Schüssel. Rühre so lange, bis eine glatte Sauce entstanden ist.

6. Gib die Erdnusssauce zum Gemüse in den Wok. Lasse alles für weitere 2 Minuten köcheln, bis das Gemüse gar ist, aber noch Biss hat.

7. Schmecke das Gericht mit Salz und Pfeffer ab und serviere es in einem tiefen Teller. Garniere es mit Koriander und gerösteten Erdnüssen. Guten Appetit.

Scharfe Nudeln mit Rindfleisch

Zubereitungszeit: 20 Minuten
Portionen: 1 Person

Zutaten:

- 125 g Rindfleisch, in dünne Streifen geschnitten
- 1 Knoblauchzehe, fein gehackt
- 1/2 rote Chili, entkernt und in feine Ringe geschnitten
- 1/2 Frühlingszwiebel, in Ringe geschnitten
- 100 g chinesische Eiernudeln
- 1 EL Sojasauce
- 1 TL Fischsauce
- 1 EL Austernsauce
- 1 TL Zucker
- 2 EL Sonnenblumenöl
- 1 Handvoll frischer Basilikum
- 1 Bio-Limette, in Spalten geschnitten

Zubereitung:

1. Zuerst setzt du Wasser für die Nudeln auf und bringst es zum Kochen. Sobald es kocht, gibst du die Nudeln hinein und kochst sie nach Packungsanleitung al dente. Dann gießt du sie ab und stellst sie beiseite.

2. Inzwischen erhitzt du das Sonnenblumenöl in deinem Wok auf hoher Stufe. Sobald das Öl heiß ist, fügst du das Rindfleisch hinzu und brätst es für etwa 2-3 Minuten, bis es braun und knusprig ist. Achte darauf, das Fleisch ständig zu bewegen, damit es gleichmäßig gart.

3. Nun gibst du den Knoblauch, die Chiliringe und die Frühlingszwiebeln hinzu und brätst alles für weitere 2 Minuten, bis die Zwiebeln weich sind.

4. Anschließend reduzierst du die Hitze ein wenig und fügst die Sojasauce, Fischsauce, Austernsauce und den Zucker hinzu. Rühre alles gut um.

5. Nun gibst du die vorgekochten Nudeln hinzu und mischst alles gut durch. Brate alles für weitere 2-3 Minuten, bis die Nudeln heiß sind.

6. Zum Schluss fügst du den Basilikum hinzu und mischst alles noch einmal gut durch.

7. Serviere die Nudeln und garniere sie mit den Limettenspalten. Guten Appetit.

Thai-Tofu mit Gemüse

Zubereitungszeit: 20 Minuten
Portionen: 1 Person

Zutaten:

- 200 g Tofu, fest, in Würfel geschnitten
- 1 Karotte, geschält und in dünne Streifen geschnitten
- 1 Paprika, entkernt und in Streifen geschnitten
- 50 g Zuckerschoten, geputzt
- 1 Frühlingszwiebel, in Ringe geschnitten
- 2 EL Sojasauce
- 1 EL Sesamöl
- 1 TL Ingwer, frisch gerieben
- 1 Knoblauchzehe, fein gehackt
- 1 EL cremige Erdnussbutter
- 1 TL Sambal Oelek
- 1 EL Bio-Limettensaft
- 1 TL Honig
- 2 EL Sonnenblumenöl
- Frischer Koriander
- 1 TL Sesamsamen

Zubereitung:

1. Erhitze das Sonnenblumenöl in einem Wok auf hoher Stufe. Füge die Tofuwürfel hinzu und brate sie für 4-5 Minuten an, bis sie rundum goldbraun und knusprig sind. Nimm den Tofu aus dem Wok und lege ihn beiseite.

2. Im gleichen Wok füge das Sesamöl hinzu und lasse es heiß werden. Gib dann den Ingwer, den Knoblauch, die Karottenstreifen, die Paprikastreifen und die Zuckerschoten dazu. Brate alles für 2-3 Minuten an, bis das Gemüse bissfest ist.

3. In der Zwischenzeit verrühre in einer kleinen Schüssel die Sojasauce, die Erdnussbutter, das Sambal Oelek, den Limettensaft und den Honig zu einer glatten Sauce.

4. Gib den angebratenen Tofu und die Frühlingszwiebelringe zum Gemüse in den Wok. Gieße die Sojasauce-Mischung darüber und rühre alles gut um, bis die Zutaten gleichmäßig mit der Sauce überzogen sind und die Erdnussbutter sich aufgelöst hat.

5. Lasse das Gericht noch 1-2 Minuten im Wok.

6. Danach auf einem Teller anrichten und nach Belieben mit frischem Koriander und Sesamsamen garnieren. Guten Appetit.

Thai-Suppe aus dem Wok

Zubereitungszeit: 20 Minuten
Portionen: 1 Person

Zutaten:

- 100 g Hühnerbrustfilet, in dünne Streifen geschnitten
- 1 kleine Karotte, in dünne Scheiben geschnitten
- 1/2 rote Paprika, in dünne Streifen geschnitten
- 2 Frühlingszwiebeln, in Ringe geschnitten
- 1 kleine Knoblauchzehe, fein gehackt
- 1 Stück Ingwer (ca. 2 cm), fein gehackt
- 500 ml Hühnerbrühe
- 50 ml Kokosmilch, ungesüßt
- 1 EL Sojasauce
- 1 TL Fischsauce
- 1/2 TL Zucker
- 1 EL Sonnenblumenöl
- Frischer Koriander
- Einige Blätter frischer Thai-Basilikum
- Eine Bio-Limettenspalte

Zubereitung:

1. Erhitze das Sonnenblumenöl in deinem Wok auf mittlerer bis hoher Hitze.
2. Füge die Hühnerbruststreifen hinzu und brate sie unter ständigem Rühren für etwa 3-4 Minuten an, bis sie gebräunt und fast durchgegart sind.
3. Nimm die Hühnerbrust aus dem Wok und stelle sie beiseite.
4. Im gleichen Wok gibst du nun den Knoblauch und den Ingwer hinzu und brätst beides für etwa 1 Minute an, bis es duftet.
5. Nun kommen die Karottenscheiben und Paprikastreifen dazu. Brate alles unter ständigem Rühren für weitere 2-3 Minuten.
6. Gib die Hühnerbrust wieder in den Wok und füge die Hühnerbrühe, Kokosmilch, Sojasauce, Fischsauce und Zucker hinzu.
7. Lass die Suppe für etwa 5-7 Minuten köcheln, bis das Gemüse weich ist, aber noch Biss hat.
8. Zum Schluss rührst du die Frühlingszwiebeln unter und lässt alles noch einmal kurz aufkochen.
9. Schmecke die Suppe ab und passe die Würze nach Bedarf an.
10. Serviere die Suppe in einer Schüssel, garniert mit frischem Koriander, Thai-Basilikum und einer Limettenspalte. Guten Appetit.

Wok-Frühlingsrollen

Zubereitungszeit: 30 Minuten
Portionen: 1 Person

Zutaten:

- 100 g Hühnerbrust, in dünne Streifen geschnitten
- 1 Karotte, fein geraspelt oder in dünne Scheiben geschnitten
- 1 Frühlingszwiebel, in Ringe geschnitten
- 50 g Weißkohl, fein gehackt
- 1 Knoblauchzehe, fein gehackt
- 1 EL Sojasauce
- 1 TL Sesamöl
- 1 TL frischer Ingwer, fein gerieben
- 2 Blätter Reispapier
- 500 ml Sonnenblumenöl, zum Frittieren
- Salz und Pfeffer nach Geschmack

Zubereitung:

1. Erhitze das Sesamöl in deinem Wok auf mittlerer Stufe. Gib die Hühnerbruststreifen hinzu und brate sie für etwa 3-4 Minuten, bis sie durchgegart sind. Nimm das Fleisch aus dem Wok und lege es beiseite.

2. Im selben Wok füge die Karotten, den Weißkohl, die Frühlingszwiebeln, den Knoblauch und den Ingwer hinzu. Brate das Gemüse für etwa 2-3 Minuten an, bis es weich wird, aber noch Biss hat.

3. Gib das gebratene Hühnerfleisch zurück in den Wok und mische alles gut durch. Würze die Mischung mit Sojasauce, Salz und Pfeffer. Rühre alles gut um und koche es für weitere 2 Minuten. Dann nimm den Wok vom Herd und lasse die Füllung etwas abkühlen.

4. In der Zwischenzeit erhitze das Sonnenblumenöl in einem anderen Topf oder einer tiefen Pfanne auf etwa 180 Grad. Achte darauf, dass das Öl heiß genug ist, aber nicht raucht.

5. Weiche ein Blatt Reispapier für etwa 10-15 Sekunden in warmem Wasser ein, bis es weich und geschmeidig ist. Lege es auf eine saubere Arbeitsfläche und verteile die Hälfte der Füllung in der Mitte des Reispapiers.

6. Falte die Seiten des Reispapiers über die Füllung und rolle es dann vorsichtig auf, um eine Frühlingsrolle zu formen. Wiederhole diesen Schritt mit dem zweiten Blatt Reispapier und dem Rest der Füllung.

7. Frittiere die Frühlingsrollen im heißen Öl für etwa 2-3 Minuten, bis sie goldbraun und knusprig sind. Nimm sie aus dem Öl und lege sie auf Küchenpapier, um überschüssiges Öl zu entfernen. Guten Appetit.

Scharfe Aubergine

Zubereitungszeit: 20 Minuten
Portionen: 1 Person

Zutaten:

- 1 kleine Aubergine, gewürfelt
- 1 EL Sojasauce
- 1 TL scharfe Chilisauce
- 1 Knoblauchzehe, fein gehackt
- 5 g frischer Basilikum, grob geschnitten
- 1 Frühlingszwiebel, in Ringe geschnitten
- 2 EL Sonnenblumenöl
- 1 EL Sesamöl
- 10 g geröstete Erdnüsse, grob gehackt
- 1 TL Zucker
- Salz nach Geschmack
- 50 ml Wasser

Zubereitung:

1. Erhitze das Sonnenblumenöl in deinem Wok auf hoher Stufe. Gib die gewürfelte Aubergine hinein und brate sie für etwa 5 Minuten, bis sie weich und leicht gebräunt ist. Rühre stetig, um ein gleichmäßiges Garen zu gewährleisten.

2. Füge den gehackten Knoblauch hinzu und brate ihn für etwa 1 Minute mit, bis er duftet.

3. Reduziere die Hitze auf mittlere Stufe und gib die Sojasauce, die Chilisauce, den Zucker und das Wasser hinzu. Lass alles für weitere 5 Minuten köcheln, bis die Sauce etwas eingedickt ist.

4. Rühre nun den Basilikum und die Frühlingszwiebelringe unter und koche alles für weitere 2 Minuten.

5. Schalte die Hitze aus, träufle das Sesamöl über das Gericht und rühre gut um.

6. Zum Schluss streue die gehackten Erdnüsse über das Gericht. Schmecke ab und füge bei Bedarf noch etwas Salz hinzu. Guten Appetit.

Japanische Gerichte

Teriyaki-Hähnchen

Zubereitungszeit: 20 Minuten
Portionen: 1 Person

Zutaten:

- 150 g Hähnchenbrustfilet, in Streifen geschnitten
- 1 EL Sojasauce
- 1 EL Honig
- 1 EL Mirin
- 1 EL Sake
- 1 TL Sesamöl
- 1 Knoblauchzehe, fein gehackt
- 1 Stück frischer Ingwer (ca. 2 cm), fein gerieben
- 50 g Karotten, in dünne Streifen geschnitten
- 50 g Paprika, in Streifen geschnitten
- 1 Frühlingszwiebel, in Ringe geschnitten
- 1 TL Sesamsamen
- 2 EL Sonnenblumenöl
- Salz und Pfeffer nach Geschmack

Zubereitung:

1. Zuerst nimmst du eine kleine Schüssel und verrührst darin die Sojasauce, den Honig, den Sake und den Mirin zu einer gleichmäßigen Marinade.

2. Jetzt gibst du das Hähnchenfleisch in die Schüssel und lässt es für etwa 10 Minuten in der Marinade ziehen.

3. In der Zwischenzeit erhitze das Sonnenblumenöl in deinem Wok auf mittlerer Stufe. Sobald das Öl heiß ist, fügst du die Karotten, die Paprika und die Frühlingszwiebeln hinzu und brätst das Gemüse für etwa 3-4 Minuten an, bis es leicht knusprig ist.

4. Nimm das Gemüse aus dem Wok und stelle es beiseite. Jetzt erhöhst du die Hitze ein wenig und gibst das marinierte Hähnchen in den Wok. Brate das Fleisch für 5-6 Minuten an, bis es goldbraun und durchgegart ist.

5. Füge nun den Knoblauch, den Ingwer und das Sesamöl hinzu und brate alles zusammen für weitere 2 Minuten.

6. Jetzt kommt das angebratene Gemüse wieder in den Wok. Vermenge alles gut und lasse es noch kurz zusammen köcheln.

7. Zum Schluss schmeckst du das Gericht mit Salz und Pfeffer ab und streust die Sesamsamen darüber.

8. Richte alles auf einem Teller an. Guten Appetit.

Yakitori-Spieße

Zubereitungszeit: 20 Minuten
Portionen: 1 Person

Zutaten:

- 150 g Hühnerbrust, in Würfel geschnitten
- 1 EL Sojasauce
- 1 EL Mirin
- 1 TL brauner Zucker
- 1 kleine Knoblauchzehe, fein gehackt
- 1 TL frischer Ingwer, fein gerieben
- 1 Frühlingszwiebel, in Ringe geschnitten
- 1 EL Sonnenblumenöl
- Einige Holzspieße, in Wasser eingeweicht

Zubereitung:

1. Beginne damit, die Hühnerbrustwürfel auf die eingeweichten Holzspieße zu stecken. Lege sie beiseite, während du die Marinade vorbereitest.

2. In einer kleinen Schüssel vermische die Sojasauce, den Mirin und den braunen Zucker. Rühre so lange, bis sich der Zucker vollständig aufgelöst hat.

3. Füge den fein gehackten Knoblauch und den frisch geriebenen Ingwer zur Marinade hinzu und vermische alles gut miteinander.

4. Erhitze das Sonnenblumenöl in deinem Wok auf mittlerer Stufe. Sobald das Öl heiß ist, gib die marinierten Hühnerspieße in den Wok.

5. Brate die Spieße für etwa 3-4 Minuten von jeder Seite, oder bis sie durchgegart und karamellisiert sind.

6. Nimm die Spieße aus dem Wok und lege sie auf einen Teller. Bestreue sie mit den Frühlingszwiebelringen. Guten Appetit.

Wok-Gemüse mit Teriyaki-Sauce

Zubereitungszeit: 20 Minuten
Portionen: 1 Person

Zutaten:

- 150 g frische Champignons, in Scheiben geschnitten
- 1 mittelgroße Karotte, in Streifen geschnitten
- 1 rote Paprika, in Streifen geschnitten
- 100 g Zuckerschoten, geputzt
- 2 EL Sojasauce
- 1 EL Honig
- 1 EL Mirin
- 1 EL Sake
- 1 TL Sesamöl
- 1 Knoblauchzehe, fein gehackt
- 1 kleines Stück Ingwer, fein gehackt
- 1 EL Sesamsamen
- Frühlingszwiebeln, in feine Ringe geschnitten
- 2 EL Sonnenblumenöl

Zubereitung:

1. Erhitze das Sonnenblumenöl in einem Wok auf hoher Stufe. Sobald das Öl heiß ist, gib die Champignons hinzu und brate sie für etwa 3 Minuten, bis sie braun und knusprig sind.

2. Füge die Karottenstreifen, Paprikastreifen und Zuckerschoten hinzu und brate alles weitere 3 Minuten unter ständigem Rühren.

3. In einer kleinen Schüssel mische die Sojasauce, den Honig, den Mirin und den Sake zu einer glatten Sauce.

4. Reduziere die Hitze unter dem Wok, schiebe das Gemüse an den Rand und gib das Sesamöl in die Mitte. Füge Knoblauch und Ingwer hinzu und brate beides kurz an, bis es duftet.

5. Gieße die Teriyaki-Sauce über das Gemüse, rühre alles gut durch und lass es noch 2-3 Minuten köcheln, bis die Sauce eingedickt ist.

6. Nimm den Wok vom Herd, streue Sesamsamen über das Gemüse und garniere es mit Frühlingszwiebelringen.

7. Richte das Gemüse auf einem Teller an und serviere es. Guten Appetit.

Garnelen Tempura aus dem Wok

Zubereitungszeit: 20 Minuten
Portionen: 1 Person

Zutaten:

- 150 g Garnelen, geschält und entdarmt
- 50 g Weizenmehl
- 20 g Speisestärke
- 1 TL Backpulver
- 125 ml kaltes Wasser
- 1 Bio-Ei
- 1 Prise Salz
- Sonnenblumenöl
- 1 Frühlingszwiebel, in feine Ringe geschnitten
- 1/2 Bio-Zitrone, in Spalten geschnitten
- Sojasauce

Zubereitung:

1. Zuerst den Wok auf mittlere Hitze vorheizen und ausreichend Sonnenblumenöl hineingeben, sodass die Garnelen später darin schwimmen können.

2. Während das Öl erhitzt wird, kannst du den Tempura-Teig vorbereiten. Dafür das Mehl mit der Speisestärke und dem Backpulver in einer Schüssel vermischen.

3. In einer anderen Schüssel das Ei aufschlagen und mit dem kalten Wasser verquirlen. Achte darauf, dass das Wasser wirklich kalt ist, das macht den Teig später schön knusprig.

4. Die Ei-Wasser-Mischung zu den trockenen Zutaten geben und alles vorsichtig zu einem glatten Teig verrühren. Nicht zu lange rühren, sonst wird der Teig zäh.

5. Die Garnelen einzeln in den Teig tauchen, so dass sie rundum gut bedeckt sind.

6. Danach vorsichtig ins heiße Öl geben und von jeder Seite 2-3 Minuten goldbraun und knusprig ausbacken.

7. Die Garnelen mit einer Schaumkelle aus dem Wok nehmen und auf Küchenpapier abtropfen lassen.

8. Die Garnelen auf einem Teller anrichten, mit den Frühlingszwiebelringen bestreuen und die Zitronenspalten dazu legen.

9. Etwas Sojasauce in ein kleines Schälchen füllen und zum Dippen dazu servieren. Guten Appetit.

Udon-Nudeln mit Gemüse

Zubereitungszeit: 20 Minuten
Portionen: 1 Person

Zutaten:

- 150 g Udon-Nudeln
- 1 Karotte, geschält und in dünne Streifen geschnitten
- 100 g Brokkoli, in kleine Röschen zerteilt
- 1 Frühlingszwiebel, in dünne Ringe geschnitten
- 1 Stück Ingwer (ca. 2 cm), geschält und fein gehackt
- 2 EL Sojasauce
- 1 EL Mirin
- 1 TL Sesamöl
- 1 EL Sonnenblumenöl
- 1 EL Sesamsamen
- Salz und schwarzer Pfeffer nach Geschmack

Zubereitung:

1. Setze Wasser in einem Topf auf und bringe es zum Kochen. Koche die Udon-Nudeln nach Packungsanleitung, sie sollten am Ende noch einen Biss haben. Gieße sie ab und stelle sie beiseite.

2. Erhitze das Sonnenblumenöl in einem Wok auf hoher Flamme. Sobald das Öl heiß ist, füge die Karottenstreifen und die Brokkoliröschen hinzu. Brate das Gemüse unter ständigem Rühren für etwa 3 Minuten, bis es knackig und leicht gebräunt ist.

3. Füge den gehackten Ingwer und die Frühlingszwiebelringe hinzu. Rühre alles gut um und brate es für weitere 2 Minuten.

4. Schiebe das Gemüse an den Rand des Woks und gieße das Sesamöl in die Mitte. Gib die Udon-Nudeln hinzu und rühre alles gut um, sodass die Nudeln mit dem Gemüse und den Gewürzen vermengt sind.

5. Gieße die Sojasauce und den Mirin dazu, würze mit Salz und Pfeffer und rühre alles gut um. Brate alles zusammen für weitere 2-3 Minuten, bis die Nudeln gut mit der Sauce überzogen sind und alles durchgewärmt ist.

6. Streue die Sesamsamen über das Gericht und serviere es. Guten Appetit.

Hähnchen mit Miso und Frühlingszwiebeln

Zubereitungszeit: 25 Minuten
Portionen: 1 Person

Zutaten:

- 150 g Hähnchenbrust, in Streifen geschnitten
- 1 EL Miso-Paste
- 1 Frühlingszwiebel, in Ringe geschnitten
- 1 EL Sojasauce
- 1 TL Honig
- 1 Knoblauchzehe, fein gehackt
- 1 Stück Ingwer (ca. 2 cm), fein gehackt
- 1 TL Sesamöl
- 1 EL Sonnenblumenöl
- 100 ml Wasser
- 1 TL Speisestärke
- Frischer Koriander, gehackt
- 1 TL Sesamsamen, geröstet

Zubereitung:

1. In einer kleinen Schüssel mischst du die Miso-Paste mit Wasser und Speisestärke, bis eine glatte Masse entsteht.

2. In deinem Wok erhitzt du das Sonnenblumenöl auf hoher Flamme. Sobald das Öl heiß ist, gibst du die Hähnchenstreifen hinzu und brätst sie für etwa 3-4 Minuten, bis sie gebräunt und fast durchgegart sind. Nimm die Hähnchenstreifen aus dem Wok und stelle sie beiseite.

3. Im gleichen Wok erhitzt du nun das Sesamöl. Dann fügst du den gehackten Knoblauch und Ingwer hinzu und brätst beides für etwa 1 Minute an, bis es duftet.

4. Gib nun die Miso-Paste-Wasser-Mischung in den Wok und rühre gut um. Lass alles für 2-3 Minuten köcheln, bis die Sauce etwas eingedickt ist.

5. Füge die Hähnchenstreifen wieder hinzu, zusammen mit Sojasauce und Honig. Rühre alles gut um, sodass die Hähnchenstreifen gleichmäßig von der Sauce überzogen sind. Lass das Ganze noch weitere 2 Minuten köcheln.

6. Zum Schluss rührst du die Frühlingszwiebeln unter und brätst alles für weitere 1-2 Minuten.

7. Richte das Hähnchen auf einem Teller an, garniere es mit Koriander und gerösteten Sesamsamen. Guten Appetit.

Sushi-Reis aus dem Wok

Zubereitungszeit: 20 Minuten
Portionen: 1 Person

Zutaten:

- 150 g Sushi-Reis
- 250 ml Wasser
- 1 EL Sojasauce
- 1 EL Mirin
- 1 TL Zucker
- 1 TL Reisessig
- 1 Frühlingszwiebel, fein gehackt
- 1 Stück frischer Ingwer (ca. 2 cm), fein gerieben
- 2 EL Sonnenblumenöl
- 1 Nori-Blatt, in kleine Stücke gerissen
- 1 TL Sesamsamen
- Salz nach Geschmack

Zubereitung:

1. Wasche den Sushi-Reis unter fließendem kaltem Wasser, bis das Wasser klar ist. Lasse den Reis anschließend in einem Sieb 15 Minuten abtropfen.

2. Erhitze das Sonnenblumenöl in deinem Wok bei mittlerer Hitze. Gib den abgetropften Reis hinzu und brate ihn für 3-4 Minuten an, bis er leicht glasig wird.

3. Füge nun das Wasser hinzu und bringe alles zum Kochen. Sobald es kocht, reduziere die Hitze und lasse den Reis für 10 Minuten köcheln, oder bis das Wasser fast vollständig aufgesogen ist.

4. In der Zwischenzeit kannst du die Sojasauce, den Mirin, den Zucker und den Reisessig in einer kleinen Schüssel vermengen.

5. Wenn der Reis fertig ist, rühre die Sojasauce-Mischung, den geriebenen Ingwer und die gehackten Frühlingszwiebeln unter. Lasse alles noch Weitere 2-3 Minuten auf kleiner Flamme ziehen.

6. Zum Schluss gibst du die Nori-Stücke hinzu und mischst alles noch einmal gut durch. Schmecke den Reis ab und füge bei Bedarf noch etwas Salz hinzu.

7. Serviere den Sushi-Reis in einer Schüssel und bestreue ihn mit Sesamsamen. Guten Appetit.

Gebratenes Gemüse mit Wasabi

Zubereitungszeit: 20 Minuten
Portionen: 1 Person

Zutaten:

- 150 g frische Zucchini, in dünne Scheiben geschnitten
- 100 g Karotten, geschält und in Stifte geschnitten
- 50 g rote Paprika, in Streifen geschnitten
- 2 EL Sojasauce
- 1 TL Wasabipaste
- 2 EL Sesamöl
- 1 EL Sonnenblumenöl
- 1 kleine rote Zwiebel, fein gewürfelt
- 1 Knoblauchzehe, fein gehackt
- 1 Stück frischer Ingwer (ca. 2 cm), fein gehackt
- Salz und Pfeffer nach Geschmack
- Frischer Koriander, gehackt
- 1 TL Sesamsamen, geröstet

Zubereitung:

1. Erhitze das Sonnenblumenöl in einem Wok auf mittlere bis hohe Temperatur. Gib die Zwiebeln, den Knoblauch und den Ingwer hinzu und brate alles für etwa 2 Minuten an, bis die Zwiebeln glasig sind.

2. Füge die Karottenstifte hinzu und brate sie für weitere 3 Minuten, bis sie etwas weich geworden sind.

3. Nun kommen die Zucchinischeiben und die roten Paprikastreifen dazu. Rühre gut um und lass alles für 5 Minuten braten, bis das Gemüse bissfest ist.

4. Reduziere die Hitze ein wenig und rühre die Sojasauce sowie die Wasabipaste unter das Gemüse. Alles gut miteinander vermengen und für weitere 2 Minuten braten.

5. Schmecke das Gemüse mit Salz und Pfeffer ab und gib das Sesamöl hinzu. Rühre nochmals gut um.

6. Nimm den Wok vom Herd und richte das Gemüse auf einem Teller an. Garniere das Gericht mit dem Koriander und den gerösteten Sesamsamen. Guten Appetit.

Tofu-Steak mit Teriyaki-Sauce

Zubereitungszeit: 20 Minuten
Portionen: 1 Person

Zutaten:

- 150 g fester Tofu, in 2 cm dicke Scheiben geschnitten
- 2 EL Sojasauce
- 1 EL Mirin
- 1 EL Sake
- 1 TL brauner Zucker
- 1 TL geriebener Ingwer
- 1 Knoblauchzehe, fein gehackt
- 1 TL Sesamöl
- 1 Frühlingszwiebel, in feine Ringe geschnitten
- 1 TL Sesamsamen
- 100 ml Gemüsebrühe
- 1 EL Sonnenblumenöl
- 100 g gemischtes Gemüse (z.B. Paprika, Möhren, Zucchini), in feine Streifen geschnitten

Zubereitung:

1. Zuerst den Tofu vorbereiten. Die Scheiben auf Küchenpapier legen und mit einem weiteren Blatt Küchenpapier abdecken. Etwas Druck ausüben, um überschüssige Flüssigkeit zu entfernen.

2. Für die Teriyaki-Sauce Sojasauce, Mirin, Sake, braunen Zucker, geriebenen Ingwer und gehackten Knoblauch in einer kleinen Schüssel miteinander vermengen. Stelle die Sauce beiseite, sie wird später benötigt.

3. Den Wok auf mittlere Hitze bringen und das Sonnenblumenöl hineingeben. Sobald das Öl heiß ist, die Tofuscheiben hinzufügen und von beiden Seiten jeweils 2-3 Minuten anbraten, bis sie goldbraun und knusprig sind. Nimm den Tofu aus dem Wok und stelle ihn beiseite.

4. Im selben Wok das Sesamöl erhitzen und das gemischte Gemüse darin für etwa 3-4 Minuten unter ständigem Rühren anbraten, bis es bissfest ist.

5. Nun gibst du den Tofu wieder in den Wok und fügst die Teriyaki-Sauce sowie die Gemüsebrühe hinzu. Alles gut miteinander vermengen und für weitere 2-3 Minuten köcheln lassen, bis die Sauce etwas eingedickt ist.

6. Zum Schluss den Tofu auf einen Teller legen, das Gemüse darüber verteilen und alles mit Frühlingszwiebelringen und Sesamsamen bestreuen. Guten Appetit.

Gebratene Soba-Nudeln

Zubereitungszeit: 20 Minuten
Portionen: 1 Person

Zutaten:

- 100 g Soba-Nudeln
- 1 Karotte, geschält und in feine Streifen geschnitten
- 1 Frühlingszwiebel, in Ringe geschnitten
- 1/2 rote Paprika, in Streifen geschnitten
- 1 EL Sojasauce
- 1 TL Sesamöl
- 1 EL Sonnenblumenöl
- 1 Knoblauchzehe, fein gehackt
- 1 TL frischer Ingwer, gerieben
- 1 TL Sesamsamen
- Eine Prise Salz
- Eine Prise Pfeffer

Zubereitung:

1. Setze Wasser in einem Topf auf und bringe es zum Kochen. Sobald es kocht, gib die Soba-Nudeln hinein und koche sie nach Packungsanleitung, bis sie al dente sind. Gieße die Nudeln ab und spüle sie unter kaltem Wasser ab, um den Kochprozess zu stoppen.

2. Erhitze das Sonnenblumenöl in deinem Wok auf mittlerer Hitze. Füge den gehackten Knoblauch und den geriebenen Ingwer hinzu und brate beides für etwa 1 Minute an, bis es duftet.

3. Nun gib die Karottenstreifen, die Paprikastreifen und die Frühlingszwiebelringe in den Wok und brate alles für etwa 3-4 Minuten an, bis das Gemüse weich, aber noch bissfest ist.

4. Schiebe das Gemüse auf eine Seite des Woks und gib die Soba-Nudeln hinzu. Brate sie für weitere 2-3 Minuten an und rühre dabei stetig um, damit sie nicht anhaften.

5. Gieße das Sesamöl und die Sojasauce über die Nudeln und das Gemüse, würze mit Salz und Pfeffer und mische alles gut durch.

6. Bestreue das Gericht zum Schluss mit Sesamsamen und serviere es. Guten Appetit.

Rindfleisch mit Shiitake-Pilzen

Zubereitungszeit: 20 Minuten
Portionen: 1 Person

Zutaten:

- 150 g Rindfleisch, in Streifen geschnitten
- 100 g frische Shiitake-Pilze, geputzt und in Scheiben geschnitten
- 1 Karotte, geschält und in dünne Scheiben geschnitten
- 1 Frühlingszwiebel, in Ringe geschnitten
- 2 EL Sojasauce
- 1 EL Sesamöl
- 1 EL Sonnenblumenöl
- 2 Knoblauchzehen, fein gehackt
- 1 TL frischer Ingwer, fein gehackt
- 1 TL Honig
- 1 TL Maisstärke
- 50 ml Wasser
- Salz und schwarzer Pfeffer nach Geschmack
- 1 TL Sesamsamen

Zubereitung:

1. Erhitze das Sonnenblumenöl in einem Wok auf hoher Stufe. Gib die Rindfleischstreifen hinein und brate sie schnell an, bis sie rundum braun sind. Nimm das Fleisch aus dem Wok und lege es beiseite.

2. Im gleichen Wok füge jetzt das Sesamöl hinzu und lasse es heiß werden. Füge die Knoblauchzehen, den frischen Ingwer, die Pilze und die Karottenscheiben hinzu. Brate alles für etwa 3–4 Minuten unter ständigem Rühren an.

3. Gib das angebratene Rindfleisch zurück in den Wok und mische alles gut durch.

4. In einer kleinen Schüssel vermische das Wasser mit der Maisstärke und rühre gut um, bis sich alles aufgelöst hat. Füge diese Mischung zusammen mit der Sojasauce und dem Honig zum Wok hinzu.

5. Lasse alles für weitere 2–3 Minuten kochen, bis die Sauce eingedickt ist. Würze mit Salz und Pfeffer nach Geschmack.

6. Zum Schluss streue die Frühlingszwiebelringe und die Sesamsamen über das Gericht.

7. Richte alles auf einem Teller an und serviere es. Guten Appetit.

Koreanische Gerichte

Bulgogi

Zubereitungszeit: 25 Minuten
Portionen: 1 Person

Zutaten:

- 150 g Rindfleisch (vorzugsweise Entrecote), in dünnen Scheiben geschnitten
- 1 EL Sojasauce
- 1 EL Sesamöl
- 1 EL Mirin
- 1 TL Zucker
- 1 TL geriebener Ingwer
- 2 Knoblauchzehen, fein gehackt
- 1 Frühlingszwiebel, in Ringe geschnitten
- 1 EL geröstete Sesamsamen
- 1/2 Birne, gerieben
- Sonnenblumenöl
- Salz und Pfeffer nach Geschmack

Zubereitung:

1. Mische in einer Schüssel die Sojasauce, das Sesamöl, den Mirin, den Zucker, den geriebenen Ingwer, den gehackten Knoblauch und die geriebene Birne zu einer gleichmäßigen Marinade.

2. Lege die Rindfleischscheiben in die Marinade und stelle sicher, dass jedes Stück gut bedeckt ist. Lasse das Fleisch für mindestens 15 Minuten marinieren.

3. Erhitze ein wenig Sonnenblumenöl in deinem Wok auf hoher Hitze. Wenn das Öl heiß ist, füge das marinierte Rindfleisch hinzu. Achte darauf, dass du nicht zu viel auf einmal in den Wok gibst, damit das Fleisch brät und nicht kocht.

4. Brate das Fleisch für 2-3 Minuten, bis es gut gebräunt und durchgegart ist. Rühre dabei ständig um.

5. Gib die geschnittenen Frühlingszwiebeln hinzu und brate alles für weitere 2 Minuten.

6. Schmecke das Bulgogi mit Salz und Pfeffer ab und streue die gerösteten Sesamsamen darüber. Guten Appetit.

Dak-Bokkeum-Tang

Zubereitungszeit: 30 Minuten
Portionen: 1 Person

Zutaten:

- 150 g Hähnchenschenkel, in mundgerechte Stücke geschnitten
- 1 kleine Karotte, in dünne Scheiben geschnitten
- 50 g frische Shiitake-Pilze, in Scheiben geschnitten
- 1 kleine Zwiebel, in Streifen geschnitten
- 2 Knoblauchzehen, fein gehackt
- 1 EL Sojasauce
- 1 EL Gochujang
- 1 TL Sesamöl
- 1 TL Zucker
- 200 ml Wasser
- 1 Frühlingszwiebel, in Ringe geschnitten
- 1 EL Sonnenblumenöl
- Salz und Pfeffer nach Geschmack

Zubereitung:

1. Erhitze das Sonnenblumenöl in einem Wok auf hoher Stufe. Sobald das Öl heiß ist, füge die Hähnchenschenkel hinzu und brate sie für etwa 3-4 Minuten an, bis sie rundherum braun sind.

2. Gib die geschnittenen Karotten, Pilze und Zwiebelstreifen hinzu. Brate alles zusammen für weitere 3-4 Minuten, bis das Gemüse leicht angebraten ist.

3. Füge den fein gehackten Knoblauch hinzu und brate alles für etwa 1 Minute weiter, bis der Knoblauch duftet.

4. In einer kleinen Schüssel vermische die Sojasauce, Gochujang, Sesamöl und Zucker. Gib diese Mischung in den Wok und rühre gut um, sodass alles gleichmäßig verteilt ist.

5. Lass das Ganze für etwa 1-2 Minuten köcheln, dann füge das Wasser hinzu. Bringe alles zum Kochen und reduziere die Hitze, sodass es leicht köchelt.

6. Lass das Gericht für etwa 10 Minuten köcheln, oder bis das Hähnchen durchgegart ist und das Gemüse weich ist.

7. Schmecke alles mit Salz und Pfeffer ab und gib die geschnittenen Frühlingszwiebeln hinzu.

8. Rühre alles noch einmal gut um und lass es für weitere 1-2 Minuten köcheln.

9. Serviere es direkt aus dem Wok. Guten Appetit.

Japchae

Zubereitungszeit: 20 Minuten
Portionen: 1 Person

Zutaten:

- 100 g Glasnudeln
- 1 EL Sojasauce
- 1 EL Sesamöl
- 1 TL Zucker
- 1 Knoblauchzehe, fein gehackt
- 100 g Rinderhüftsteak, in dünne Streifen geschnitten
- 1 Karotte, in dünne Streifen geschnitten
- 1/2 Paprika, in dünne Streifen geschnitten
- 1 Frühlingszwiebel, in Ringe geschnitten
- 1 EL Sonnenblumenöl
- 1 TL Sesamsamen

Zubereitung:

1. Setze Wasser im Topf auf und bringe es zum Kochen. Gib die Glasnudeln hinein und lasse sie für etwa 5 Minuten kochen, bis sie weich sind. Gieße sie ab und spüle sie unter kaltem Wasser ab. Lass sie gut abtropfen und schneide sie ein wenig kleiner.

2. In einer kleinen Schüssel vermische die Sojasauce, das Sesamöl, den Zucker und den fein gehackten Knoblauch zu einer Sauce.

3. Erhitze das Sonnenblumenöl in deinem Wok auf hoher Stufe. Gib die Rindfleischstreifen hinzu und brate sie für etwa 2 Minuten, bis sie durch sind. Nimm das Fleisch aus dem Wok und lege es beiseite.

4. Im gleichen Wok brate jetzt die Karottenstreifen für 2 Minuten. Füge dann die Paprikastreifen hinzu und brate alles zusammen für weitere 2 Minuten.

5. Nun kommen die Glasnudeln und die Sauce dazu. Vermische alles gut miteinander und lasse es für weitere 2 Minuten braten.

6. Zum Schluss füge das gebratene Rindfleisch und die Frühlingszwiebelringe hinzu. Rühre alles gut um und lasse es noch eine Minute zusammen braten.

7. Gib alles in eine Schüssel und garniere es mit Sesamsamen. Guten Appetit.

Kimchi Bokkeumbap

Zubereitungszeit: 20 Minuten
Portionen: 1 Person

Zutaten:

- 150 g gekochter Reis (am besten vom Vortag)
- 100 g Kimchi, grob gehackt
- 50 g Schweinebauch, in dünne Streifen geschnitten
- 1 kleine Karotte, in dünne Streifen geschnitten
- 1 Frühlingszwiebel, in Ringe geschnitten
- 2 EL Sojasauce
- 1 TL Sesamöl
- 1 Bio-Ei
- 1 EL Sonnenblumenöl
- Salz und schwarzer Pfeffer nach Geschmack
- 1 TL Sesamsamen
- 1/2 TL Zucker

Zubereitung:

1. Erhitze zuerst etwas Sonnenblumenöl in einem Wok auf hoher Stufe. Füge die Schweinebauchstreifen hinzu und brate sie für etwa 3-4 Minuten, bis sie knusprig sind.

2. Füge nun die Karottenstreifen hinzu und brate alles zusammen für weitere 2 Minuten.

3. Gib nun den Kimchi dazu und brate ihn unter ständigem Rühren für etwa 2 Minuten mit.

4. Schiebe nun alle Zutaten an den Rand des Woks, sodass in der Mitte Platz entsteht. Schlage das Ei in die Mitte und lasse es kurz stocken, bevor du es mit den anderen Zutaten vermischst.

5. Füge den gekochten Reis hinzu und brate alles unter ständigem Rühren für 5 Minuten. Achte darauf, dass der Reis nicht anbrennt.

6. Würze das Gericht mit Sojasauce, Sesamöl, Salz, Pfeffer und Zucker. Vermische alles gut miteinander und brate es für weitere 2 Minuten.

7. Zum Schluss gib die Frühlingszwiebeln und Sesamsamen hinzu und rühre alles noch einmal gut durch. Guten Appetit.

Dakgalbi

Zubereitungszeit: 45 Minuten
Portionen: 1 Person

Zutaten:

- 150 g Hähnchenbrust, in mundgerechte Stücke geschnitten
- 100 g Chinakohl, grob geschnitten
- 50 g Süßkartoffel, in dünne Scheiben geschnitten
- 50 g Tteok (koreanische Reiskuchen), in Scheiben geschnitten
- 1/2 Zwiebel, in Scheiben geschnitten
- 2 EL Gochujang (koreanische Chilipaste)
- 1 EL Sojasauce
- 1 EL Sake (Reiswein)
- 1 TL Zucker
- 1 Knoblauchzehe, fein gehackt
- 1/2 TL frisch geriebener Ingwer
- 1 EL Sesamöl
- 2 EL Sonnenblumenöl
- 1 Frühlingszwiebel, in Ringe geschnitten
- 1 TL Sesamsamen

Zubereitung:

1. In einer kleinen Schüssel mischst du Gochujang, Sojasauce, Reiswein, Zucker, gehackten Knoblauch und geriebenen Ingwer zu einer glatten Paste.

2. Gib das Hähnchen in die Schüssel und mariniere es in der Gochujang-Mischung für etwa 15 Minuten.

3. Erhitze das Sesamöl und das Sonnenblumenöl in deinem Wok auf mittlerer bis hoher Stufe.

4. Sobald das Öl heiß ist, gibst du die Hähnchenstücke mitsamt der Marinade in den Wok und brätst sie für etwa 3-5 Minuten an, bis sie rundum angebräunt sind.

5. Füge nun die Zwiebelscheiben, Süßkartoffelscheiben und Tteok hinzu und brate alles für weitere 5 Minuten.

6. Jetzt kommt der Chinakohl dazu. Rühre gut um und brate alles für weitere 5-7 Minuten, bis der Kohl zusammengefallen und das Hähnchen komplett durchgegart ist.

7. Zum Schluss streust du die Frühlingszwiebelringe und Sesamsamen über das Gericht.

8. Rühre alles noch einmal gut um und serviere das Dakgalbi direkt aus dem Wok. Guten Appetit.

Doenjang Jjigae

Zubereitungszeit: 30 Minuten
Portionen: 1 Person

Zutaten:

- 100 g Tofu, gewürfelt
- 50 g frische Champignons, in Scheiben geschnitten
- 1/2 Zucchini, in halbe Scheiben geschnitten
- 1/2 Zwiebel, gewürfelt
- 1 Knoblauchzehe, fein gehackt
- 2 EL Doenjang (koreanische Sojabohnenpaste)
- 1 TL Gochugaru (koreanisches Chilipulver)
- 1 TL Sesamöl
- 500 ml Wasser
- 1 Frühlingszwiebel, in Ringe geschnitten
- Salz und Pfeffer nach Geschmack
- 1 EL Sonnenblumenöl

Zubereitung:

1. Erhitze das Sonnenblumenöl im Wok auf mittlerer Hitze. Füge die Zwiebeln, den Knoblauch und das Sesamöl hinzu und brate sie für etwa 2-3 Minuten, bis sie weich werden.

2. Füge die Champignons und die Zucchini hinzu und brate sie weitere 3-4 Minuten, bis sie leicht gebräunt sind.

3. In der Zwischenzeit löse die Doenjang in dem Wasser auf. Achte darauf, dass keine Klümpchen zurückbleiben.

4. Gieße die Doenjang-Wasser-Mischung in den Wok zu dem Gemüse. Rühre gut um und bringe alles zum Kochen.

5. Sobald es kocht, füge den Tofu und das Gochugaru hinzu. Lass es für etwa 10 Minuten köcheln, bis der Tofu durchgewärmt ist.

6. Schmecke die Suppe ab und würze sie nach Belieben mit Salz und Pfeffer.

7. Zum Schluss streue die Frühlingszwiebelringe darüber.

8. Nimm den Wok vom Herd und serviere das Gericht. Guten Appetit.

Samgyeopsal

Zubereitungszeit: 25 Minuten
Portionen: 1 Person

Zutaten:

- 150 g Schweinebauch, in dünne Scheiben geschnitten
- 1 kleine Karotte, in dünne Streifen geschnitten
- 50 g frische Shiitake-Pilze, in Scheiben geschnitten
- 1 Frühlingszwiebel, in Ringe geschnitten
- 2 EL Sojasauce
- 1 EL Sesamöl
- 1 TL Zucker
- 2 Knoblauchzehen, fein gehackt
- 1 Stück Ingwer (ca. 1 cm), fein gehackt
- 100 ml Wasser
- 1 EL Sonnenblumenöl
- Salz und Pfeffer nach Geschmack
- 1 TL Sesamsamen

Zubereitung:

1. Erhitze das Sonnenblumenöl in deinem Wok auf mittlerer Stufe. Gib die Scheiben vom Schweinebauch hinein und brate sie für etwa 3-4 Minuten, bis sie knusprig und goldbraun sind. Nimm das Fleisch aus dem Wok und lege es beiseite.

2. Im selben Wok füge die Karottenstreifen, Pilze, Frühlingszwiebelringe, gehackten Knoblauch und Ingwer hinzu. Brate alles für weitere 3-4 Minuten an, bis das Gemüse weich, aber noch bissfest ist.

3. Füge nun den Schweinebauch wieder hinzu, sowie die Sojasauce, das Sesamöl, den Zucker und das Wasser. Rühre alles gut um und lasse es für etwa 5 Minuten köcheln, bis die Sauce leicht eingedickt ist.

4. Schmecke das Gericht mit Salz und Pfeffer ab und rühre noch einmal kräftig um.

5. Serviere es direkt aus dem Wok und garniere es mit Sesamsamen. Guten Appetit.

Bibimbap aus dem Wok

Zubereitungszeit: 30 Minuten
Portionen: 1 Person

Zutaten:

- 100 g Vollkornreis
- 1 Karotte, in feine Streifen geschnitten
- 1/4 Zucchini, in feine Streifen geschnitten
- 50 g frischer Spinat, gründlich gewaschen
- 50 g Sojasprossen, gründlich gewaschen
- 100 g Rindfleisch, in dünne Streifen geschnitten
- 1 Bio-Ei
- 2 EL Sojasauce
- 1 EL Sesamöl
- 1 TL Zucker
- 2 TL Sesamsamen, geröstet
- 1 Knoblauchzehe, fein gehackt
- Salz und Pfeffer nach Geschmack
- 1 Frühlingszwiebel, in feine Ringe geschnitten
- 1 EL Sonnenblumenöl
- 1 EL Gochujang (koreanische Chilipaste)
- 1 TL Sesamöl
- 1/2 TL Sojasauce

Zubereitung:

1. Koche den Vollkornreis nach Packungsanleitung und stelle ihn beiseite.

2. Erhitze den Wok auf hoher Stufe und füge ein wenig Sonnenblumenöl hinzu. Brate das Rindfleisch 2-3 Minuten an, bis es gebräunt ist, und nimm es dann aus dem Wok.

3. Brate die Karottenstreifen 2 Minuten und die Zucchinistreifen 1-2 Minuten an. Nimm auch diese aus dem Wok.

4. Blanchiere den Spinat und die Sojasprossen jeweils 1 Minute lang und lege sie zu den anderen Gemüsesorten. Brate den Knoblauch kurz an, gib dann den Vollkornreis hinzu und brate alles 5 Minuten unter ständigem Rühren an.

5. Füge das Rindfleisch, die Karotten, Zucchini, den Spinat und die Sojasprossen hinzu und vermische alles gut. Würze mit 2 EL Sojasauce, 1 EL Sesamöl und dem Zucker. Rühre gut um.

6. Schiebe die Zutaten beiseite, brate das Ei in der Mitte des Woks und mische es unter das Gemüse.

7. Vermische in einer kleinen Schüssel 1 EL Gochujang mit 1 TL Sesamöl und 1/2 TL Sojasauce.

8. Richte das Bibimbap in einer Schüssel an, gib die Gochujang-Mischung darüber und bestreue alles mit Sesamsamen und Frühlingszwiebeln. Guten Appetit.

Koreanisches BBQ

Zubereitungszeit: 30 Minuten
Portionen: 1 Person

Zutaten:

- 150 g Rindfleisch (z.B. Entrecote), in dünne Scheiben geschnitten
- 1 EL Sojasauce
- 1 TL Sesamöl
- 1 Knoblauchzehe, fein gehackt
- 1 TL frischer Ingwer, fein gerieben
- 1 TL Zucker
- 1 TL Gochujang (koreanische Chilipaste)
- 1 TL geröstete Sesamsamen
- 1/2 TL schwarzer Pfeffer
- 50 g Kimchi
- 1 kleine Karotte, in Streifen geschnitten
- 1/2 Zucchini, in Streifen geschnitten
- 50 g frische Shiitake-Pilze, in Scheiben geschnitten
- 1 Frühlingszwiebel, in Ringe geschnitten
- 1 EL Sonnenblumenöl
- Gekochter Vollkornreis, zum Servieren

Zubereitung:

1. In einer Schüssel die Sojasauce, das Sesamöl, den gehackten Knoblauch, den geriebenen Ingwer, den Zucker, die Gochujang-Paste, die Sesamsamen und den schwarzen Pfeffer zu einer Marinade verrühren.

2. Das Rindfleisch in die Marinade geben und gut durchmischen. Lass es für etwa 15 Minuten marinieren.

3. In der Zwischenzeit den Wok auf hohe Temperatur erhitzen und das Sonnenblumenöl hineingeben.

4. Das marinierte Rindfleisch aus der Schüssel nehmen und im heißen Wok von beiden Seiten schnell anbraten, bis es gerade durchgegart ist. Das Fleisch aus dem Wok nehmen und beiseite stellen.

5. Nun die Karottenstreifen, die Zucchinistreifen und die Pilze in den Wok geben und für 2-3 Minuten unter ständigem Rühren braten.

6. Das Fleisch wieder in den Wok geben und alles zusammen noch einmal kurz erhitzen.

7. Das fertige Gericht auf einem Teller anrichten, die Frühlingszwiebeln und das Kimchi darüber geben und mit gekochtem Vollkornreis servieren. Guten Appetit.

Gebratener Reis mit Kimchi

Zubereitungszeit: 30 Minuten
Portionen: 1 Person

Zutaten:

- 150 g gekochter, abgekühlter Reis (am besten vom Vortag)
- 100 g Kimchi, grob gehackt
- 50 g Karotten, in dünne Streifen geschnitten
- 2 Frühlingszwiebeln, in Ringe geschnitten
- 1 Bio-Ei, verquirlt
- 2 EL Sojasauce
- 1 TL Sesamöl
- 1 TL Sonnenblumenöl
- Eine Prise Zucker
- Salz und schwarzer Pfeffer nach Geschmack
- 1 EL Sesamsamen, geröstet

Zubereitung:

1. Erhitze das Sonnenblumenöl in einem Wok auf mittlere bis hohe Hitze. Sobald das Öl heiß ist, füge die Karotten hinzu und brate sie für etwa 2 Minuten an, bis sie leicht weich geworden sind.

2. Füge nun die gehackten Kimchi-Stücke hinzu und brate alles zusammen für weitere 2 Minuten. Achte darauf, dass du ständig umrührst, damit nichts anbrennt.

3. Schiebe das Gemüse an den Rand des Woks, so dass in der Mitte Platz entsteht. Gieße das verquirlte Ei in die Mitte und rühre es schnell um, um es zu stocken und zu zerkleinern.

4. Sobald das Ei gestockt ist, vermische es mit dem Gemüse im Wok.

5. Füge den abgekühlten Reis hinzu und brate alles unter ständigem Rühren für weitere 5 Minuten an. Der Reis sollte knusprig und heiß werden.

6. Würze den gebratenen Reis mit Sojasauce, Sesamöl, einer Prise Zucker, Salz und schwarzem Pfeffer. Gut umrühren, um alles gleichmäßig zu verteilen.

7. Zum Schluss füge die Frühlingszwiebeln und die gerösteten Sesamsamen hinzu, mische alles gut durch und brate es nochmals für 1 Minute an. Guten Appetit.

Scharf gebratenes Schweinefleisch

Zubereitungszeit: 20 Minuten
Portionen: 1 Person

Zutaten:

- 150 g Schweinefleisch, in dünne Streifen geschnitten
- 1 EL Gochujang (koreanische Chilipaste)
- 1 EL Sojasauce
- 1 TL Sesamöl
- 1 TL Zucker
- 2 Knoblauchzehen, fein gehackt
- 1 kleines Stück Ingwer, fein gerieben
- 100 g Kimchi, grob gehackt
- 50 g Sojasprossen
- 1 Frühlingszwiebel, in Ringe geschnitten
- 1 EL Sonnenblumenöl
- 1 TL geröstete Sesamsamen
- 1/2 TL Chiliflocken
- Ein paar Blätter frischer Koriander

Zubereitung:

1. In einer kleinen Schüssel vermische das Schweinefleisch mit der Gochujang, Sojasauce, Sesamöl, Zucker, Knoblauch und Ingwer. Lass die Mischung für etwa 10 Minuten marinieren.

2. Erhitze das Sonnenblumenöl in einem Wok auf hoher Flamme. Füge das marinierte Schweinefleisch hinzu und brate es schnell für etwa 2-3 Minuten, bis es durchgebraten ist.

3. Gib das Kimchi und die Sojasprossen dazu und brate alles zusammen für weitere 2 Minuten. Rühre ständig, um eine gleichmäßige Garen zu gewährleisten.

4. Zum Schluss streue die Frühlingszwiebelringe, Sesamsamen und Chiliflocken über das Gericht und mische alles gut durch.

5. Alles auf einem Teller anrichten und mit den Korianderblättern garnieren. Guten Appetit.

Sweet Chili Chicken

Zubereitungszeit: 20 Minuten
Portionen: 1 Person

Zutaten:

- 150 g Hähnchenbrust, in Streifen geschnitten
- 1 EL Sojasauce
- 1 EL Honig
- 1 EL Gochujang (koreanische Chilipaste)
- 1 kleine Karotte, in dünne Streifen geschnitten
- 50 g Paprika, in Streifen geschnitten
- 2 Frühlingszwiebeln, in Ringe geschnitten
- 2 Knoblauchzehen, fein gehackt
- 1 Stück Ingwer (ca. 2 cm), fein gehackt
- 1 EL Sesamöl
- 1 TL Sesamsamen
- Salz und Pfeffer nach Geschmack
- Frischer Koriander, gehackt

Zubereitung:

1. Erhitze das Sesamöl in einem Wok auf hoher Stufe. Brate die Hähnchenstreifen für etwa 3–4 Minuten, bis sie gut gebräunt und fast durchgegart sind. Nimm das Hähnchen aus dem Wok und stelle es beiseite.

2. Im gleichen Wok füge die Karottenstreifen hinzu und brate sie für 2 Minuten. Gib die Paprikastreifen dazu und brate alles für weitere 2 Minuten.

3. Nun kommen der gehackte Knoblauch und der Ingwer dazu. Rühre ständig um und brate alles für etwa 1 Minute.

4. Gib das Hähnchen wieder in den Wok, rühre die Sojasauce, den Honig und die Gochujang unter. Lasse alles für weitere 2–3 Minuten kochen, bis das Hähnchen durchgegart ist und die Sauce eingedickt ist.

5. Zum Schluss füge die Frühlingszwiebeln hinzu, würze alles mit Salz und Pfeffer und rühre noch einmal gut um.

6. Das Gericht auf einem Teller anrichten und mit den Sesamsamen und dem frischen Koriander bestreuen. Guten Appetit.

Indonesische Gerichte

Bami Goreng

Zubereitungszeit: 20 Minuten
Portionen: 1 Person

Zutaten:

- 150 g Mie-Nudeln
- 100 g Hähnchenbrust, in dünne Streifen geschnitten
- 1 kleine Karotte, in dünne Streifen geschnitten
- 1/2 rote Paprika, in dünne Streifen geschnitten
- 1 Frühlingszwiebel, in Ringe geschnitten
- 2 EL Sojasauce
- 1 EL Sesamöl
- 1 EL Sonnenblumenöl
- 1/2 TL frisch geriebener Ingwer
- 1 Knoblauchzehe, fein gehackt
- 1 TL Sambal Oelek
- Einige Blätter frischer Koriander, grob gehackt
- 1/2 Bio-Limette, in Spalten geschnitten

Zubereitung:

1. Koche die Mie-Nudeln nach der Anleitung auf der Verpackung. Gieße sie ab und setze sie beiseite.

2. Erhitze das Sonnenblumenöl in deinem Wok auf hoher Stufe. Füge die Hähnchenstreifen hinzu und brate sie unter ständigem Rühren an, bis sie durchgegart sind.

3. Gib den frisch geriebenen Ingwer und den gehackten Knoblauch dazu. Rühre alles gut um.

4. Nun kommen die Karotten- und Paprikastreifen dazu. Brate sie unter ständigem Rühren für weitere 2-3 Minuten an, bis sie leicht bissfest sind.

5. Füge die Mie-Nudeln zum Gemüse und Hähnchen in den Wok. Gib die Sojasauce, das Sesamöl und das Sambal Oelek dazu. Rühre alles gut durch, damit sich die Zutaten gleichmäßig vermischen.

6. Zum Schluss streust du die Frühlingszwiebelringe und den gehackten Koriander darüber und rührst nochmals gut um.

7. Auf einen Teller geben und mit den Limettenspalten garnieren. Guten Appetit.

Nasi Goreng

Zubereitungszeit: 20 Minuten
Portionen: 1 Person

Zutaten:

- 150 g gekochter Jasminreis (vom Vortag)
- 100 g Hähnchenbrustfilet, in kleine Würfel geschnitten
- 1 kleine Karotte, in feine Streifen geschnitten
- 50 g Weißkohl, fein gehackt
- 2 Frühlingszwiebeln, in Ringe geschnitten
- 1 Knoblauchzehe, fein gehackt
- 1 TL frischer Ingwer, fein gehackt
- 1 EL Sojasauce
- 1 EL Kecap Manis (süße indonesische Sojasauce)
- 1 TL Sambal Oelek (indonesische Chilipaste)
- 1 Bio-Ei
- 2 EL Sonnenblumenöl
- Salz nach Geschmack
- Frischer Koriander

Zubereitung:

1. Erhitze das Sonnenblumenöl in deinem Wok auf hoher Flamme. Sobald das Öl heiß ist, füge die Hähnchenwürfel hinzu und brate sie unter ständigem Rühren für etwa 3-4 Minuten, bis sie gebräunt und durchgegart sind.

2. Gib den Knoblauch und den Ingwer dazu und rühre alles gut um. Lass es für eine weitere Minute braten.

3. Füge die Karottenstreifen, den gehackten Weißkohl und die Frühlingszwiebelringe hinzu. Brate das Ganze unter ständigem Rühren für etwa 2 Minuten, bis das Gemüse anfängt, weich zu werden.

4. Schiebe das gebratene Hähnchen und das Gemüse an den Rand des Woks, um in der Mitte Platz zu schaffen. Schlage das Ei in diesen freien Raum und rühre es schnell um, damit es stockt und gleichmäßig brät.

5. Sobald das Ei angefangen hat zu stocken, vermische es mit dem Hähnchen und dem Gemüse im Wok.

6. Füge den gekochten Reis hinzu, zusammen mit der Sojasauce, dem Kecap Manis und dem Sambal Oelek. Rühre alles gut um, damit sich die Sauce gleichmäßig verteilt. Brate alles für weitere 2-3 Minuten unter ständigem Rühren.

7. Schmecke das Nasi Goreng mit Salz ab und passe die Würze nach deinem Geschmack an.

8. Auf einen Teller geben und mit frischem Koriander garnieren. Guten Appetit.

Rendang aus dem Wok

Zubereitungszeit: 45 Minuten
Portionen: 1 Person

Zutaten:

- 150 g Rindfleisch (z.B. Hüfte), in dünne Streifen geschnitten
- 1 Schalotte, fein gewürfelt
- 2 Knoblauchzehen, fein gehackt
- 1 rote Chilischote, entkernt und fein gehackt
- 1 TL Ingwer, frisch gerieben
- 1 TL Galgant, frisch gerieben
- 1 TL Kurkuma, frisch gerieben
- 200 ml Kokosmilch, ungesüßt
- 1 EL Tamarindenwasser (oder ersatzweise Zitronensaft)
- 1 Zitronengrasstängel, äußere Blätter entfernt und innerer Teil fein gehackt
- 2 Kaffir-Limettenblätter, zerrissen
- 1 TL Palmzucker (oder brauner Zucker)
- 1 EL Sojasauce
- 1 EL Sonnenblumenöl
- Salz nach Geschmack

Zubereitung:

1. Erhitze das Sonnenblumenöl in einem Wok auf mittlerer Hitze. Füge die Schalotten, den Knoblauch, den Ingwer, den Galgant und den Kurkuma hinzu und brate alles für etwa 2-3 Minuten, bis die Schalotten weich sind.

2. Füge das Rindfleisch hinzu und brate es von allen Seiten scharf an.

3. Gib die rote Chilischote, das Zitronengras und die Kaffir-Limettenblätter dazu. Rühre alles gut um.

4. Füge den Palmzucker hinzu und rühre weiter, bis er sich aufgelöst hat.

5. Gieße die Kokosmilch und das Tamarindenwasser dazu. Rühre gut um und lass das Rendang für 20-25 Minuten köcheln, bis die Sauce eingedickt ist und das Fleisch zart ist.

6. Schmecke das Gericht mit Sojasauce und Salz ab.

7. Richte das Rendang in einer Schüssel an. Guten Appetit.

Sate Ayam

Zubereitungszeit: 40 Minuten
Portionen: 1 Person

Zutaten:

- 200 g Hühnerbrust, in lange, dünne Streifen geschnitten
- 5 Bambusspieße, in Wasser eingeweicht
- 1 TL Kurkuma
- 1 TL gemahlener Koriander
- 2 TL Sojasauce
- 1 TL Tamarindenpaste
- 1 Knoblauchzehe, fein gehackt
- 1 Schalotte, fein gehackt
- 1 TL brauner Zucker
- Salz nach Geschmack
- Sonnenblumenöl zum Bestreichen
- Für die Erdnusssauce:
- 2 EL cremige Erdnussbutter
- 50 ml Kokosmilch, ungesüßt
- 1 TL Sojasauce
- 1 TL brauner Zucker
- 1 TL Bio-Limettensaft
- Chiliflocken nach Geschmack

Zubereitung:

1. Vermische Kurkuma, Koriander, Sojasauce, Tamarindenpaste, gehackten Knoblauch, gehackte Schalotte, braunen Zucker und eine Prise Salz in einer Schüssel zu einer Marinade.

2. Füge die Hühnerstreifen hinzu und lasse alles für mindestens 30 Minuten marinieren.

3. Fädele die marinierten Hühnerstreifen auf die eingeweichten Bambusspieße.

4. Den Wok auf hohe Temperatur erhitzen und die Spieße mit etwas Sonnenblumenöl bestreichen.

5. Brate die Spieße für 3-4 Minuten von jeder Seite an, bis sie gebräunt und durchgegart sind.

6. Für die Erdnusssauce vermischt du die Erdnussbutter, Kokosmilch, Sojasauce, braunen Zucker, Limettensaft und Chiliflocken in einem kleinen Topf. Erhitze die Mischung unter Rühren, bis sie glatt und gut vermischt ist.

7. Serviere die Spieße mit der Erdnusssauce. Guten Appetit.

Gado-Gado

Zubereitungszeit: 20 Minuten
Portionen: 1 Person

Zutaten:

- 100 g Tofu, in Würfel geschnitten
- 50 g Sojasprossen, gewaschen
- 1 Karotte, in Streifen geschnitten
- 50 g Chinakohl, in Streifen geschnitten
- 1 kleine Zucchini, in Scheiben geschnitten
- 2 EL cremige Erdnussbutter
- 1 TL Sojasauce
- 1 TL Sambal Oelek
- 1 Knoblauchzehe, fein gehackt
- 1 kleine rote Zwiebel, in Scheiben geschnitten
- 2 EL Sonnenblumenöl
- 50 ml Kokosmilch, ungesüßt
- Salz nach Geschmack
- Frische Kräuter (z.B. Koriander)

Zubereitung:

1. Erhitze das Sonnenblumenöl in deinem Wok auf mittlerer Stufe. Gib den Tofu hinein und brate ihn für etwa 5 Minuten an, bis er goldbraun und knusprig ist. Nimm den Tofu aus dem Wok und lege ihn beiseite.

2. Im gleichen Wok brätst du nun die rote Zwiebel und den Knoblauch für 2-3 Minuten an, bis die Zwiebel weich wird.

3. Füge die Karotten, Zucchini und den Chinakohl hinzu. Brate alles zusammen für weitere 5 Minuten an.

4. Jetzt kommen die Sojasprossen und der angebratene Tofu dazu. Brate alles nochmals 2 Minuten unter Rühren an.

5. In einer kleinen Schüssel mischt du Erdnussbutter, Sojasauce, Sambal Oelek und Kokosmilch zu einer glatten Sauce.

6. Gieße die Erdnusssauce über das Gemüse und den Tofu im Wok. Rühre alles gut um, damit die Sauce sich gleichmäßig verteilt. Lasse es noch 2-3 Minuten köcheln, bis alles gut durchgewärmt ist.

7. Schmecke das Gericht mit Salz ab und richte es auf einem Teller an. Garniere es mit frischen Kräutern. Guten Appetit.

Tempeh Goreng

Zubereitungszeit: 20 Minuten
Portionen: 1 Person

Zutaten:

- 150 g Tempeh, in Würfel geschnitten
- 2 EL Sojasauce
- 1 EL Honig
- 2 EL Sonnenblumenöl
- 1 Knoblauchzehe, fein gehackt
- 1 kleine rote Chilischote, entkernt und fein gehackt
- 50 ml Gemüsebrühe
- 100 g Zuckerschoten, geputzt und halbiert
- 1 kleine Karotte, in dünne Streifen geschnitten
- 50 g Sprossen, gewaschen und abgetropft
- Salz nach Geschmack
- Etwas frischer Koriander

Zubereitung:

1. Gib die Sojasauce, den Honig und den gehackten Knoblauch in eine Schüssel und rühre alles gut durch. Lege die Tempeh-Würfel in die Marinade und lasse sie für etwa 10 Minuten darin ziehen.

2. Erhitze das Sonnenblumenöl in deinem Wok auf mittlerer Stufe. Gib die marinierten Tempeh-Würfel hinzu und brate sie für etwa 3-4 Minuten, bis sie knusprig und goldbraun sind. Nimm den Tempeh aus dem Wok und lege ihn beiseite.

3. Im selben Wok die fein gehackte Chilischote kurz anbraten. Füge dann die Zuckerschoten und Karottenstreifen hinzu und brate alles für weitere 2-3 Minuten.

4. Gib die Gemüsebrühe in den Wok und lasse das Gemüse darin für etwa 2 Minuten dünsten.

5. Füge nun die Sprossen und den gebratenen Tempeh wieder hinzu. Rühre alles gut um und lass es nochmals 2 Minuten braten. Schmecke das Gericht mit Salz ab.

6. Serviere das Gericht in einer Schüssel und garniere es mit frischem Koriander. Guten Appetit.

Gebratene Nudeln mit Tofu

Zubereitungszeit: 25 Minuten
Portionen: 1 Person

Zutaten:

- 150 g fester Tofu, in Würfel geschnitten und leicht angebraten
- 100 g Mie-Nudeln (indonesische Eiernudeln)
- 1 kleine Karotte, in dünne Streifen geschnitten
- 50 g Pak Choi, grob gehackt
- 1 Schalotte, fein gewürfelt
- 2 Knoblauchzehen, fein gehackt
- 2 EL Kecap Manis (süße indonesische Sojasauce)
- 1 EL Sojasauce
- 1 TL Sambal Oelek
- 1 TL Tamarindenpaste
- 1 EL Erdnussöl
- 1 TL geröstete Erdnüsse, grob gehackt
- 1 Bio-Limettenspalte
- Frische Korianderblätter
- Salz nach Geschmack

Zubereitung:

1. Zuerst koche die Mie-Nudeln nach Packungsanweisung, bis sie al dente sind, und gieße sie dann ab. Stelle sie beiseite, um sie später zu verwenden.

2. Erhitze das Erdnussöl in deinem Wok auf mittlerer bis hoher Stufe. Füge die Tofuwürfel hinzu und brate sie, bis sie rundum knusprig und golden sind. Nimm den Tofu aus dem Wok und lege ihn beiseite.

3. Im selben Wok füge die Schalotten- und Knoblauchwürfel hinzu. Brate sie für etwa 2 Minuten oder bis sie weich sind und duften.

4. Füge die Karotten und den Pak Choi hinzu. Brate das Gemüse unter ständigem Rühren für weitere 3 Minuten.

5. Nun gib die vorgekochten Nudeln, den gebratenen Tofu, Kecap Manis, Sojasauce, Sambal Oelek und Tamarindenpaste in den Wok. Vermische alle Zutaten sorgfältig und brate sie für weitere 3-4 Minuten, bis alles gut durchgewärmt ist.

6. Abschmecken und bei Bedarf mit Salz nachwürzen.

7. Serviere das Gericht auf einem Teller, garniert mit frischen Korianderblättern, einer Limettenspalte und mit gehackten Erdnüssen. Guten Appetit.

Hähnchen in süß-saurer Sauce

Zubereitungszeit: 30 Minuten
Portionen: 1 Person

Zutaten:

- 150 g Hähnchenbrust, in Würfel geschnitten
- 1 kleine rote Zwiebel, gewürfelt
- 1 Knoblauchzehe, fein gehackt
- 1 kleines Stück Galgant (ca. 1 cm), fein gehackt
- 1 Kaffir-Limettenblatt, fein geschnitten
- 1 kleine Chilischote, fein geschnitten (je nach Geschmack)
- 50 ml Tamarindensaft
- 1 EL Kecap Manis
- 1 TL brauner Zucker oder Palmzucker
- 2 EL Erdnussöl
- Salz nach Geschmack
- Frischer Koriander und eine Bio-Limettenscheibe

Zubereitung:

1. Erhitze das Erdnussöl in deinem Wok auf mittlerer Flamme. Füge die Hähnchenwürfel hinzu und brate sie, bis sie rundum goldbraun sind. Nimm das Hähnchen aus dem Wok und lege es beiseite.

2. Im gleichen Wok brätst du nun die Zwiebelwürfel, den Knoblauch, Galgant, das Kaffir-Limettenblatt und die Chilischote für etwa 2-3 Minuten an, bis die Zwiebeln weich werden.

3. Füge das angebratene Hähnchen wieder in den Wok hinzu und rühre gut um.

4. Nun gibst du den Tamarindensaft, Kecap Manis und Palmzucker hinzu. Lass alles für etwa 5 Minuten köcheln, bis die Sauce eingedickt ist und das Hähnchen vollständig gar ist. Schmecke mit Salz ab.

5. Lege das Gericht auf einen Teller und garniere es mit frischem Koriander und einer Limettenscheibe. Guten Appetit.

Garnelen mit Knoblauch und Chili

Zubereitungszeit: 20 Minuten
Portionen: 1 Person

Zutaten:

- 200 g Garnelen, geschält und entdarmt
- 2 Knoblauchzehen, fein gehackt
- 1 rote Chili, entkernt und in dünne Streifen geschnitten
- 1 Schalotte, fein gehackt
- 50 ml Kecap Manis
- 1 EL Tamarindenpaste
- 1 TL Palmzucker oder brauner Zucker
- 1 EL Erdnussöl
- 1 Bio-Limette, in Spalten geschnitten
- Frischer Koriander, gehackt
- Gekochter Vollkornreis, zum Servieren

Zubereitung:

1. Erhitze das Erdnussöl in deinem Wok auf mittlerer bis hoher Stufe. Füge die Garnelen hinzu und brate sie für etwa 2-3 Minuten an, bis sie rosa und fast gar sind. Nimm die Garnelen aus dem Wok und stelle sie beiseite.

2. Im selben Wok füge den gehackten Knoblauch, die Schalotte und die Chili-Streifen hinzu. Rühre um und brate alles für etwa 1-2 Minuten, bis der Knoblauch und die Schalotte weich sind.

3. Gib die Garnelen wieder in den Wok. Füge die Kecap Manis, Tamarindenpaste und den Palmzucker hinzu. Rühre alles gut um, so dass die Garnelen gleichmäßig mit der Sauce überzogen sind.

4. Lass das Ganze für weitere 2-3 Minuten köcheln, bis die Garnelen vollständig gar sind und die Sauce eingedickt ist.

5. Schmecke das Gericht ab und passe die Würze nach Bedarf an.

6. Serviere die Garnelen über gekochtem Vollkornreis, garniert mit frischem Koriander und Limettenspalten. Guten Appetit.

Sambal Goreng

Zubereitungszeit: 20 Minuten
Portionen: 1 Person

Zutaten:

- 150 g Hähnchenbrust, in Streifen geschnitten
- 1 rote Paprika, in dünne Streifen geschnitten
- 1 kleine Zwiebel, fein gewürfelt
- 2 Knoblauchzehen, fein gehackt
- 1 rote Chilischote, entkernt und fein gehackt
- 100 ml Kokosmilch, ungesüßt
- 2 EL Sojasauce
- 1 TL Tamarindenpaste
- 1 EL Erdnussöl
- Salz und Pfeffer nach Geschmack
- Frische Korianderblätter

Zubereitung:

1. Erhitze das Erdnussöl in deinem Wok auf hoher Flamme. Gib die Hähnchenstreifen in den Wok und brate sie für etwa 3-4 Minuten, bis sie goldbraun und durchgebraten sind. Nimm das Hähnchen aus dem Wok und lege es beiseite.

2. In demselben Wok reduziere die Hitze auf mittlere Stufe. Füge die Zwiebelwürfel, den Knoblauch und die Chilischote hinzu. Brate alles für etwa 2 Minuten an, bis die Zwiebeln glasig sind.

3. Nun kommen die Paprikastreifen dazu. Brate sie unter ständigem Rühren für weitere 3 Minuten, bis sie weich, aber noch bissfest sind.

4. Gib das Hähnchen zurück in den Wok. Gieße die Kokosmilch, Sojasauce und Tamarindenpaste darüber. Rühre alles gut durch und lasse es für 5 Minuten köcheln, bis die Sauce etwas eingedickt ist.

5. Schmecke das Gericht mit Salz und Pfeffer ab. Rühre noch einmal alles gut durch.

6. Nimm den Wok vom Herd und lege das Sambal Goreng auf einen Teller. Garniere es mit Korianderblättern. Guten Appetit.

Indische Gerichte

Chicken Curry aus dem Wok

Zubereitungszeit: 20 Minuten
Portionen: 1 Person

Zutaten:

- 150 g Hähnchenbrust, in Streifen geschnitten
- 1 mittelgroße rote Zwiebel, in dünne Scheiben geschnitten
- 1 Knoblauchzehe, fein gehackt
- 1 kleines Stück Ingwer, fein gehackt
- 1 grüne Chilischote, fein gehackt (je nach Geschmack)
- 1 TL Senfkörner
- 1 TL Kreuzkümmelsamen
- 1 TL Koriandersamen, gemahlen
- 1/2 TL Kurkumapulver
- 1 TL Garam Masala
- 200 ml passierte Tomaten
- 1 EL Sonnenblumenöl
- Salz nach Geschmack
- Frischer Koriander, gehackt
- 1/2 Bio-Zitrone, Saft

Zubereitung:

1. Erhitze das Sonnenblumenöl in deinem Wok auf hoher Stufe. Gib die Senfkörner und Kreuzkümmelsamen hinein. Röste sie kurz an, bis sie zu springen beginnen – achte darauf, dass sie nicht verbrennen.

2. Füge die Hähnchenstreifen hinzu und brate sie für etwa 3-4 Minuten, bis sie rundum angebräunt sind. Nimm die Hähnchenstreifen aus dem Wok und stelle sie beiseite.

3. Im gleichen Wok reduziere die Hitze auf mittlere Stufe und füge die Zwiebelscheiben hinzu. Brate sie für etwa 2 Minuten, bis sie weich werden.

4. Gib Knoblauch, Ingwer und die grüne Chilischote hinzu und brate alles für weitere 2 Minuten.

5. Streue das Korianderpulver, Kurkumapulver und Garam Masala darüber und rühre gut um, sodass die Gewürze gleichmäßig verteilt sind.

6. Füge die passierten Tomaten hinzu, rühre gut um und lass die Sauce für etwa 5 Minuten köcheln, bis sie eindickt.

7. Gib die Hähnchenstreifen zurück in den Wok, mische alles gut durch und lass es für weitere 2-3 Minuten köcheln.

8. Schmecke das Curry mit Salz und Zitronensaft ab und rühre nochmals gut um.

9. Serviere das Gericht und garniere es mit frischem Koriander. Guten Appetit.

Paneer Tikka Masala

Zubereitungszeit: 30 Minuten
Portionen: 1 Person

Zutaten:

- 150 g Paneer (indischer Frischkäse), in Würfel geschnitten
- 1 TL Ingwerpaste
- 1 TL Knoblauchpaste
- 1/2 TL Chilipulver
- 1/2 TL Garam Masala
- 1/2 TL Kreuzkümmelpulver
- 1/2 TL Korianderpulver
- 1/4 TL Kurkumapulver
- 100 g Joghurt
- Salz nach Geschmack
- 2 EL Tomatenpüree
- 1 kleine Zwiebel, fein gehackt
- 1 grüne Paprika, in Würfel geschnitten
- 1/2 TL Senfsamen
- 1/2 TL Bockshornkleesamen
- 1 Lorbeerblatt
- 2 Nelken
- 2 grüne Kardamomkapseln
- 200 ml Wasser
- 50 ml Sahne
- 2 EL Sonnenblumenöl
- Frischer Koriander

Zubereitung:

1. Vermenge den Paneer mit Ingwerpaste, Knoblauchpaste, Chilipulver, Garam Masala, Kreuzkümmelpulver, Korianderpulver, Kurkumapulver, Joghurt und etwas Salz in einer Schüssel. Lass die Mischung für mindestens 15 Minuten marinieren.

2. Erhitze 1 EL Sonnenblumenöl im Wok und brate den marinierten Paneer von allen Seiten goldbraun an. Nimm ihn aus dem Wok und stelle ihn beiseite.

3. Gib das restliche Öl in den Wok und füge Senfsamen, Bockshornkleesamen, Lorbeerblatt, Nelken und Kardamom hinzu. Brate alles für eine Minute, bis die Gewürze zu knistern beginnen.

4. Füge die Zwiebeln hinzu und brate sie, bis sie goldbraun sind.

5. Füge das Tomatenpüree hinzu und koche es, bis es sich gut mit dem Öl vermischt hat.

6. Gib die grüne Paprika und 200 ml Wasser hinzu und koche alles für etwa 10 Minuten.

7. Füge den angebratenen Paneer und die Sahne hinzu, rühre gut um und koche alles für weitere 5 Minuten, bis die Sauce eindickt.

8. Schmecke mit Salz ab und garniere das Gericht mit frischem Koriander. Guten Appetit.

Wok-Gemüse mit Currysauce

Zubereitungszeit: 20 Minuten
Portionen: 1 Person

Zutaten:

- 150 g Zucchini, in dünne Scheiben geschnitten
- 100 g Karotten, in dünne Streifen geschnitten
- 1 kleine rote Paprika, in Streifen geschnitten
- 1 kleine Zwiebel, fein gewürfelt
- 1 Knoblauchzehe, fein gehackt
- 1 TL frischer Ingwer, fein gerieben
- 1 EL Sonnenblumenöl
- 1 TL Garam Masala
- 200 ml Kokosmilch, ungesüßt
- Salz und Pfeffer zum Abschmecken
- Ein paar Blätter frischer Koriander
- 1 EL Sojasauce
- 1 TL Senfkörner
- 1/2 TL Kurkuma
- 1 TL Kreuzkümmel, gemahlen
- 1 Prise Chilipulver

Zubereitung:

1. Erhitze das Sonnenblumenöl in deinem Wok und gib die Senfkörner hinein. Warte, bis sie zu knacken beginnen.

2. Füge Zwiebel, Knoblauch und Ingwer hinzu und brate alles für etwa 2 Minuten an, bis die Zwiebeln glasig sind.

3. Streue Garam Masala, Kurkuma, Kreuzkümmel und Chilipulver über das Zwiebelgemisch und rühre gut um.

4. Gib die Karottenstreifen in den Wok und brate sie für 3 Minuten unter ständigem Rühren an.

5. Nun kommen Zucchinischeiben und Paprikastreifen dazu. Brate alles weitere 5 Minuten, bis das Gemüse bissfest ist.

6. Gieße die Kokosmilch über das Gemüse und lasse alles für weitere 5 Minuten köcheln, bis die Sauce etwas eingedickt ist.

7. Schmecke das Gericht mit Salz, Pfeffer und Sojasauce ab und rühre alles gut durch.

8. Danach mit frischem Koriander bestreuen und direkt aus dem Wok servieren. Guten Appetit.

Gebratener Reis mit Gewürzen

Zubereitungszeit: 20 Minuten

Portionen: 1 Person

Zutaten:

- 150 g vorgekochter Basmatireis
- 1 EL Ghee (geklärte Butter)
- 1 kleine rote Zwiebel, fein gehackt
- 1 Knoblauchzehe, fein gehackt
- 1 kleines Stück Ingwer, fein gehackt
- 1 grüne Chilischote, fein gehackt
- 1 TL Schwarze Senfsamen
- 1 TL Kreuzkümmelsamen
- 1/2 TL Kurkumapulver
- 1/2 TL Chilipulver
- 1 TL Garam Masala
- Salz nach Geschmack
- Einige frische Korianderblätter, gehackt
- 1 EL Bio-Zitronensaft

Zubereitung:

1. Erhitze das Ghee in deinem Wok auf mittlerer Flamme. Sobald es heiß ist, füge die schwarzen Senfsamen hinzu und warte, bis sie anfangen zu knistern.

2. Füge nun die Kreuzkümmelsamen hinzu und brate sie für etwa 30 Sekunden, bis sie anfangen zu duften.

3. Nun kommen die fein gehackten Zwiebeln, Knoblauch, Ingwer und die grüne Chilischote hinzu. Rühre alles gut um und brate es für 2-3 Minuten, bis die Zwiebeln goldbraun sind.

4. Streue das Kurkumapulver, Chilipulver und Garam Masala darüber und rühre gut um, damit die Gewürze gleichmäßig verteilt werden.

5. Füge jetzt den vorgekochten Basmatireis hinzu und vermische ihn vorsichtig mit dem Gemüse und den Gewürzen. Brate alles für weitere 3-4 Minuten unter ständigem Rühren.

6. Schmecke das Gericht mit Salz ab und füge den Zitronensaft hinzu. Rühre alles nochmals gut durch.

7. Nimm den Wok vom Herd und richte den gebratenen Reis auf einem Teller an. Danach mit Korianderblättern garnieren. Guten Appetit.

Aloo Gobi

Zubereitungszeit: 20 Minuten
Portionen: 1 Person

Zutaten:

- 200 g Blumenkohl, in kleine Röschen geschnitten
- 150 g Kartoffeln, gewürfelt
- 1 rote Zwiebel, fein gehackt
- 2 Knoblauchzehen, fein gehackt
- 1 TL frischer Ingwer, gerieben
- 1 grüne Chilischote, fein gehackt
- 2 EL Sonnenblumenöl
- 1 TL Senfkörner
- 1 TL Kreuzkümmelsamen
- 1/2 TL Kurkumapulver
- 1/2 TL Chilipulver
- 1 TL Garam Masala
- 1 TL Korianderpulver
- 250 ml Wasser
- Salz nach Geschmack
- Frischer Koriander, gehackt

Zubereitung:

1. Erhitze das Sonnenblumenöl in deinem Wok auf mittlerer Stufe. Gib die Senfkörner und Kreuzkümmelsamen in den Wok und röste sie, bis sie zu knacken beginnen.

2. Füge die gehackten Zwiebeln, Knoblauch, Ingwer und die grüne Chilischote hinzu. Brate alles für etwa 2-3 Minuten an, bis die Zwiebeln glasig sind.

3. Gib nun die Kartoffelwürfel in den Wok und brate sie 5 Minuten lang an, bis sie außen etwas knusprig sind.

4. Streue das Kurkumapulver, Chilipulver, Korianderpulver und Salz über die Kartoffeln und mische alles gut durch.

5. Füge die Blumenkohlröschen hinzu und rühre vorsichtig um, sodass sie mit den Gewürzen bedeckt sind.

6. Gieße das Wasser in den Wok und bringe alles zum Kochen. Reduziere die Hitze und lasse das Gemüse zugedeckt für 10 Minuten köcheln, bis es weich ist.

7. Entferne den Deckel und erhöhe die Hitze, um überschüssiges Wasser zu verdampfen. Achte darauf, dass nichts anbrennt.

8. Bestreue das Aloo Gobi mit Garam Masala und frischem Koriander. Rühre alles noch einmal um, bevor du es servierst. Guten Appetit.

Dal Tadka

Zubereitungszeit: 20 Minuten
Portionen: 1 Person

Zutaten:

- 150 g rote Linsen, gut gespült und abgetropft
- 1 kleine Zwiebel, fein gewürfelt
- 2 Knoblauchzehen, fein gehackt
- 1 cm frischer Ingwer, fein gerieben
- 1 grüne Chilischote, fein gehackt
- 2 EL Sonnenblumenöl
- 1 TL Kreuzkümmelsamen
- 1/2 TL Senfsamen
- 1/2 TL Garam Masala
- 1/2 TL Kurkuma
- 1/2 TL Chilipulver
- 1 TL Salz
- 250 ml Wasser
- Frischer Koriander, gehackt
- 1 Bio-Zitrone, in Spalten geschnitten

Zubereitung:

1. Erhitze das Sonnenblumenöl in deinem Wok auf mittlerer Flamme. Sobald das Öl heiß ist, füge die Kreuzkümmel- und Senfsamen hinzu. Lass sie für etwa 30 Sekunden brutzeln, bis sie zu knacken beginnen.

2. Nun füge die gewürfelte Zwiebel hinzu und brate sie für etwa 2-3 Minuten an, bis sie weich und goldbraun wird.

3. Gib den gehackten Knoblauch, den geriebenen Ingwer und die gehackte grüne Chilischote dazu. Brate alles für weitere 1-2 Minuten unter ständigem Rühren an.

4. Gib nun Kurkuma, Chilipulver, Garam Masala und Salz dazu. Rühre alles gut um und lass es für eine Minute kochen-

5. Füge die abgespülten Linsen hinzu und rühre erneut um, sodass die Linsen mit den Gewürzen gut vermengt sind.

6. Gieße das Wasser hinzu und bringe alles zum Kochen. Sobald es kocht, reduziere die Hitze und lass die Linsen für etwa 10-15 Minuten köcheln, bis sie weich sind.

7. Garniere dein Dal Tadka mit frisch gehacktem Koriander. Guten Appetit.

Chana Masala

Zubereitungszeit: 20 Minuten
Portionen: 1 Person

Zutaten:

- 200 g Kichererbsen, über Nacht eingeweicht und abgespült
- 1 Zwiebel, fein gehackt
- 2 Knoblauchzehen, fein gehackt
- 1 Stück Ingwer (ca. 2 cm), fein gerieben
- 1 grüne Chili, fein gehackt
- 200 g Tomaten, gewürfelt
- 1 TL Kreuzkümmelsamen
- 1 TL Koriandersamen
- 1/2 TL Senfsamen
- 1/2 TL Kurkumapulver
- 1 TL Garam Masala
- 2 EL Sonnenblumenöl
- 250 ml Wasser
- Salz nach Geschmack
- Frischer Koriander, gehackt

Zubereitung:

1. Erhitze das Sonnenblumenöl in einem Wok auf mittlerer Flamme. Sobald das Öl heiß ist, füge die Kreuzkümmelsamen, Koriandersamen und Senfsamen hinzu. Röste die Gewürze, bis sie zu knistern beginnen.

2. Füge die fein gehackte Zwiebel hinzu und brate sie, bis sie golden und weich ist.

3. Gib den Knoblauch, Ingwer und die grüne Chili hinzu. Brate alles zusammen für ein paar Minuten, bis der Knoblauch anfängt zu duften.

4. Füge die gewürfelten Tomaten hinzu und koche sie, bis sie weich sind und die Mischung dickflüssig wird.

5. Streue das Kurkumapulver und Garam Masala über die Mischung und rühre gut um.

6. Gib die eingeweichten Kichererbsen und das Wasser hinzu. Lass alles aufkochen, reduziere dann die Hitze und lass es 10-15 Minuten köcheln, bis die Kichererbsen weich sind.

7. Schmecke das Gericht ab und würze bei Bedarf nach. Garniere das Chana Masala mit frischem Koriander. Guten Appetit.

Palak Paneer

Zubereitungszeit: 20 Minuten
Portionen: 1 Person

Zutaten:

- 150 g frischer Blattspinat, gewaschen und grob gehackt
- 100 g Paneer, in kleine Würfel geschnitten
- 1 mittelgroße Zwiebel, fein gewürfelt
- 2 Knoblauchzehen, fein gehackt
- 1 Stück Ingwer (ca. 2 cm), fein gerieben
- 1 grüne Chilischote, fein gehackt
- 1 TL Kreuzkümmelsamen
- 1/2 TL Kurkumapulver
- 1/2 TL Korianderpulver
- 1/4 TL Chilipulver
- 2 EL Sonnenblumenöl
- Salz nach Geschmack
- 50 ml Wasser
- Frischer Koriander

Zubereitung:

1. Erhitze das Sonnenblumenöl in deinem Wok auf mittlere Hitze. Gib die Kreuzkümmelsamen hinzu und lasse sie ein paar Sekunden lang knacken.

2. Füge nun die fein gewürfelte Zwiebel hinzu und brate sie, bis sie goldbraun und weich ist. Das dauert etwa 3-4 Minuten.

3. Nun kommen der gehackte Knoblauch, der geriebene Ingwer und die grüne Chilischote dazu. Rühre alles gut um und brate es für weitere 2 Minuten.

4. Gib jetzt die Gewürze - Kurkumapulver, Korianderpulver und Chilipulver - dazu. Vermenge alles gut und brate es unter ständigem Rühren für eine Minute.

5. Gib den gewaschenen und gehackten Spinat in den Wok und brate ihn, bis er zusammenfällt und sein Wasser verliert. Das dauert etwa 3 Minuten.

6. Nun gibst du die Paneer-Würfel dazu. Rühre vorsichtig um, sodass der Paneer von den Gewürzen und dem Spinat gut umhüllt wird.

7. Füge das Wasser und Salz nach Geschmack hinzu. Lass alles für weitere 2-3 Minuten köcheln, bis der Paneer weich ist und die Gewürze gut eingezogen sind.

8. Schmecke ab und passe die Gewürze nach Bedarf an.

9. Nimm den Wok vom Herd und garniere das Gericht mit Koriander. Guten Appetit.

Wok-Gemüse mit Kokosmilch

Zubereitungszeit: 25 Minuten
Portionen: 1 Person

Zutaten:

- 150 g Aubergine, in Würfel geschnitten
- 100 g Okra, Enden entfernt und in Scheiben geschnitten
- 1 kleine rote Zwiebel, fein gewürfelt
- 2 EL Kokosöl
- 1 TL schwarze Senfsamen
- 1 TL Kreuzkümmelsamen
- 1/2 TL Kurkuma, gemahlen
- 1/2 TL Chilipulver
- 1 Knoblauchzehe, fein gehackt
- 1 kleines Stück Ingwer, fein gehackt
- 200 ml Kokosmilch, ungesüßt
- 1 EL Tamarindenpaste
- Salz nach Geschmack
- Frischer Koriander, gehackt
- Frischer Bio-Limettensaft nach Geschmack

Zubereitung:

1. Erhitze das Kokosöl in deinem Wok auf hoher Flamme. Sobald das Öl heiß ist, füge die schwarzen Senfsamen und Kreuzkümmelsamen hinzu. Warte, bis die Senfsamen zu springen beginnen.

2. Füge die gewürfelten roten Zwiebeln hinzu und brate sie, bis sie goldbraun und weich sind.

3. Gib nun den Knoblauch und Ingwer dazu und brate alles für eine weitere Minute.

4. Jetzt kommen die Auberginen- und Okra-Stücke dazu. Brate das Gemüse unter ständigem Rühren für etwa 5 Minuten an, bis es anfängt, weich zu werden.

5. Streue Kurkuma und Chilipulver darüber und rühre gut um.

6. Gib die Kokosmilch und Tamarindenpaste hinzu und vermische alles sorgfältig. Lass es für etwa 10 Minuten köcheln, bis das Gemüse vollständig gar ist und die Sauce eingedickt ist.

7. Schmecke das Gericht mit Salz und Limettensaft ab und streue den Koriander darüber. Guten Appetit.

Tofu Tikka Masala

Zubereitungszeit: 30 Minuten
Portionen: 1 Person

Zutaten:

- 200 g Tofu, fest, in Würfel geschnitten
- 1 kleine rote Zwiebel, fein gewürfelt
- 2 Knoblauchzehen, fein gehackt
- 1 Stück Ingwer (ca. 2 cm), fein gerieben
- 1 rote Paprika, in Streifen geschnitten
- 200 ml Kokosmilch, ungesüßt
- 2 EL Tomatenmark
- 1 EL Sojasauce
- 1 TL Garam Masala
- 1 TL Kurkumapulver
- 1 TL Paprikapulver, edelsüß
- 1/2 TL Chilipulver
- Salz nach Geschmack
- 2 EL Sonnenblumenöl
- Frischer Koriander, gehackt
- Basmatireis oder Naan-Brot, zum Servieren

Zubereitung:

1. Erhitze das Sonnenblumenöl in einem Wok auf mittlerer Hitze. Gib den Tofu hinzu und brate ihn für 5–7 Minuten an, bis er rundum goldbraun ist. Nimm den Tofu aus dem Wok und stelle ihn beiseite.

2. Im gleichen Wok füge die roten Zwiebelwürfel hinzu und brate sie für 2–3 Minuten an, bis sie weich werden. Füge Knoblauch und Ingwer hinzu und brate alles weitere 2 Minuten, bis es duftet.

3. Gib die Paprikastreifen hinzu und brate sie 3–4 Minuten mit an, bis sie etwas weich geworden sind.

4. Füge das Tomatenmark, Sojasauce, Garam Masala, Kurkuma, Paprikapulver und Chilipulver hinzu. Rühre alles gut um und lasse es für 2 Minuten köcheln.

5. Gieße die Kokosmilch dazu und rühre um. Lass die Mischung aufkochen und dann auf niedriger Hitze für 10 Minuten köcheln, bis die Sauce eingedickt ist.

6. Gib den gebratenen Tofu zurück in den Wok und rühre um, sodass der Tofu von der Sauce bedeckt ist. Lass es für weitere 5 Minuten köcheln.

7. Schmecke das Tikka Masala mit Salz ab und rühre nochmals um.

8. Serviere das Gericht mit Basmatireis oder Naan-Brot und garniere es mit Koriander. Guten Appetit.

Garnelen Curry

Zubereitungszeit: 20 Minuten
Portionen: 1 Person

Zutaten:

- 150 g frische Garnelen, geschält und entdarmt
- 1 kleine rote Zwiebel, fein gewürfelt
- 2 Knoblauchzehen, fein gehackt
- 1 Stück Ingwer (ca. 2 cm), fein gerieben
- 1 grüne Chilischote, fein gehackt
- 1 reife Tomate, gewürfelt
- 200 ml Kokosmilch, ungesüßt
- 1 TL Currypulver
- 1/2 TL Garam Masala
- 1/2 TL Kurkuma
- 1 EL Sonnenblumenöl
- Salz nach Geschmack
- Frischer Koriander, gehackt
- Bio-Limettensaft, nach Geschmack

Zubereitung:

1. Erhitze das Sonnenblumenöl in einem Wok auf mittlerer Hitze. Sobald das Öl heiß ist, füge die Zwiebeln hinzu und brate sie für etwa 2 Minuten an, bis sie glasig und leicht goldbraun sind.

2. Füge Knoblauch, Ingwer und grüne Chili hinzu. Brate alles für eine Minute unter Rühren an, bis es duftet.

3. Streue das Currypulver, Garam Masala und Kurkuma darüber und rühre alles gut um. Lass die Gewürze für eine halbe Minute mitbraten.

4. Gib die Garnelen in den Wok und brate sie für 2-3 Minuten, bis sie rosa und fast durchgegart sind. Nimm die Garnelen aus dem Wok und lege sie beiseite.

5. Im selben Wok füge jetzt die gewürfelten Tomaten hinzu. Brate sie für 3-4 Minuten, bis sie weich sind und anfangen ihren Saft freizusetzen.

6. Gieße die Kokosmilch hinzu und rühre gut um. Lass die Mischung für 5 Minuten köcheln, bis sie etwas eingedickt ist.

7. Gib die Garnelen zurück in den Wok, rühre alles gut durch und lass es noch 2 Minuten ziehen, bis die Garnelen vollständig gar sind.

8. Schmecke das Curry mit Salz und Limettensaft ab. Rühre gut um und lass es noch eine Minute köcheln.

9. Richte das Curry in einer Schüssel an, garniere es mit frischem Koriander und serviere es. Guten Appetit.

Frühlingsrollen mit Curry

Zubereitungszeit: 25 Minuten
Portionen: 1 Person

Zutaten:

- 100 g Hähnchenbrust, in dünne Streifen geschnitten
- 1 Karotte, in dünne Streifen geschnitten
- 50 g Weißkohl, fein geschnitten
- 1 Frühlingszwiebel, in Ringe geschnitten
- 1 Knoblauchzehe, fein gehackt
- 10 g Ingwer, fein gehackt
- 1 EL Currypulver
- 2 EL Sojasauce
- 1 EL Ghee (geklärte Butter)
- 50 ml Kokosmilch, ungesüßt
- 2 Teigblätter für Frühlingsrollen
- Sonnenblumenöl zum Frittieren
- Frischer Koriander
- 1 TL Garam Masala

Zubereitung:

1. Erhitze das Ghee in deinem Wok auf mittlerer Hitze. Füge das Hähnchen hinzu und brate es für etwa 3 Minuten, bis es durchgegart ist. Nimm es aus dem Wok und lege es beiseite.

2. Im selben Wok erhöhe die Hitze und füge Karotten, Weißkohl, Frühlingszwiebeln, Knoblauch und Ingwer hinzu. Brate alles für etwa 3 Minuten unter ständigem Rühren an.

3. Streue das Currypulver und Garam Masala über das Gemüse und rühre gut um, sodass alles gleichmäßig mit den Gewürzen bedeckt ist. Lass es weitere 2 Minuten braten.

4. Gib das Hähnchen zurück in den Wok und füge die Sojasauce und die Kokosmilch hinzu. Lass alles für 5 Minuten köcheln, bis die Sauce leicht eingedickt ist.

5. Teile die Füllung in zwei Portionen und verteile sie auf den Teigblättern. Falte die Seiten der Teigblätter ein und rolle die Frühlingsrollen auf.

6. In einer separaten Pfanne oder im Wok erhitze genügend Sonnenblumenöl, um die Frühlingsrollen darin frittieren zu können. Frittiere die Frühlingsrollen für etwa 3-4 Minuten, bis sie goldbraun und knusprig sind.

7. Nimm die Frühlingsrollen aus dem Öl und lasse sie auf Küchenpapier abtropfen. Schneide sie diagonal in zwei Hälften, garniere mit frischem Koriander und serviere sie. Guten Appetit.

Auberginen Masala

Zubereitungszeit: 30 Minuten
Portionen: 1 Person

Zutaten:

- 1 mittelgroße Aubergine, in Würfel geschnitten
- 1 kleine Zwiebel, fein gehackt
- 2 Knoblauchzehen, zu einer Paste zerrieben
- 1 cm frischer Ingwer, zu einer Paste zerrieben
- 1 grüne Chili, fein gehackt
- 2 EL Senföl
- 1 TL Schwarze Senfkörner
- 1 TL Kreuzkümmelsamen
- 1/2 TL Kurkumapulver
- 1 TL Korianderpulver
- 1 TL Garam Masala
- 2 Tomaten, püriert
- Salz nach Geschmack
- Frischer Koriander, gehackt

Zubereitung:

1. Erhitze das Senföl in deinem Wok auf hoher Flamme, bis es zu rauchen beginnt.

2. Füge die schwarzen Senfkörner hinzu und decke den Wok ab, bis die Körner aufhören zu springen.

3. Gib nun die Kreuzkümmelsamen hinzu und brate sie für ein paar Sekunden an.

4. Reduziere die Hitze auf mittlere Stufe, füge die gehackten Zwiebeln, Knoblauchpaste, Ingwerpaste und grüne Chilis hinzu und brate alles für etwa 5 Minuten an, bis die Zwiebeln goldbraun sind.

5. Streue Kurkuma- und Korianderpulver darüber und rühre gut um.

6. Füge nun die Auberginenwürfel hinzu, mische alles gut durch und brate sie für weitere 5-7 Minuten an.

7. Gieße die pürierten Tomaten dazu, salze nach Geschmack und lasse das Ganze für weitere 10 Minuten köcheln, bis die Auberginen vollständig gar sind.

8. Zum Schluss rühre das Garam Masala unter und lasse das Gericht für weitere 2 Minuten köcheln.

9. Nimm den Wok vom Herd und garniere das Auberginen Masala mit Koriander. Guten Appetit.

Malaysische Gerichte

Char Kway Teow

Zubereitungszeit: 20 Minuten
Portionen: 1 Person

Zutaten:

- 150 g breite Reisnudeln, vorge-kocht
- 100 g Garnelen, geschält und entdarmt
- 50 g chinesische Wurst, in dünne Scheiben geschnitten
- 1 Bio-Ei, geschlagen
- 50 g Sojasprossen
- 2 Frühlingszwiebeln, in dünne Ringe geschnitten
- 2 EL Erdnussöl
- 1 EL helle Sojasauce
- 1 TL dunkle Sojasauce
- 1 TL Fischsauce
- 1 TL Zucker
- 2 Knoblauchzehen, fein ge-hackt
- 1 kleine rote Chili, fein gehackt
- 1 Prise Salz

Zubereitung:

1. Erhitze das Erdnussöl in deinem Wok auf hoher Stufe, bis es richtig heiß ist.

2. Füge die Garnelen und die chinesische Wurst hinzu und brate sie für 2 Minuten, bis die Garnelen rosa und gerade durch sind. Nimm sie dann aus dem Wok und lege sie beiseite.

3. Im gleichen Wok gibst du jetzt den gehackten Knoblauch und die Chili hinzu. Rühre alles gut um und lass es für etwa 30 Sekunden braten, bis der Knoblauch goldbraun ist.

4. Jetzt kommen die vorgekochten Reisnudeln dazu. Verteile sie gut im Wok und lass sie für 1-2 Minuten braten, bis sie leicht knusprig sind.

5. Schiebe die Nudeln an den Rand des Woks und gieße das geschlagene Ei in die Mitte. Rühre schnell um, damit das Ei stockt und sich mit den Nudeln vermischt.

6. Gib die gebratenen Garnelen und die chinesische Wurst wieder in den Wok und füge die helle Sojasauce, die dunkle Sojasauce, die Fischsauce und den Zucker hinzu. Rühre alles gut um.

7. Zum Schluss kommen die Sojasprossen und die Frühlingszwiebeln dazu. Mische alles gut durch und brate es noch für weitere 1-2 Minuten.

8. Schmecke das Gericht mit einer Prise Salz ab und serviere es. Guten Appetit.

Laksa aus dem Wok

Zubereitungszeit: 20 Minuten
Portionen: 1 Person

Zutaten:

- 150 g Hähnchenbrust, in Streifen geschnitten
- 1 kleine Zwiebel, fein gewürfelt
- 2 Knoblauchzehen, fein gehackt
- 1 Stück Ingwer (ca. 2 cm), fein gehackt
- 1 rote Chili, entkernt und fein gehackt
- 1 EL Sonnenblumenöl
- 200 ml Kokosmilch, ungesüßt
- 250 ml Hühnerbrühe
- 100 g Reisnudeln, nach Packungsanweisung vorgekocht
- 1 TL Currypulver
- 1 TL Sojasauce
- 1/2 TL Zucker
- Saft von 1/2 Bio-Limette
- Frischer Koriander
- 1 Frühlingszwiebel, in feine Ringe geschnitten

Zubereitung:

1. Erhitze das Sonnenblumenöl in deinem Wok auf hoher Flamme. Sobald es heiß ist, gib die Hähnchenstreifen hinein und brate sie für etwa 3-4 Minuten an, bis sie durchgebraten sind. Nimm die Hähnchenstreifen aus dem Wok und stelle sie beiseite.

2. Im gleichen Wok reduziere die Hitze auf mittlere Stufe und füge die Zwiebel, den Knoblauch, den Ingwer und die Chili hinzu. Brate alles für etwa 2 Minuten an, bis die Zwiebel weich ist.

3. Streue das Currypulver über das Gemüse und rühre gut um, damit alles gut mit den Gewürzen bedeckt ist. Lass es für etwa 1 Minute braten.

4. Gieße die Kokosmilch und die Hühnerbrühe hinzu und rühre um, um alle Zutaten gut zu vermischen. Bringe die Flüssigkeit zum Kochen.

5. Sobald die Suppe kocht, füge die vorgekochten Reisnudeln und die angebratenen Hähnchenstreifen hinzu. Lass alles für etwa 3 Minuten köcheln, bis die Nudeln heiß sind und das Hähnchen vollständig durchgegart ist.

6. Schmecke die Laksa mit der Sojasauce, dem Zucker und dem Limettensaft ab. Rühre gut um und lass es noch einmal kurz aufkochen.

7. Schöpfe die Laksa in eine Schüssel und garniere sie mit Koriander und den Frühlingszwiebelringen. Guten Appetit.

Nasi Lemak aus dem Wok

Zubereitungszeit: 30 Minuten
Portionen: 1 Person

Zutaten:

- 150 g Jasminreis, gut gewaschen und abgetropft
- 1 kleine rote Zwiebel, fein gehackt
- 1 Knoblauchzehe, fein gehackt
- 100 g Hühnerbrust, in kleine Stücke geschnitten
- 1 EL Erdnussöl
- 1 TL Chilipulver
- 1/2 TL Kurkuma
- 100 ml Kokosmilch, ungesüßt
- 50 ml Wasser
- 1 TL Tamarindenpaste
- 1 TL brauner Zucker
- Salz nach Geschmack
- 1 gekochtes Bio-Ei, halbiert
- Eine Handvoll Erdnüsse, geröstet
- Eine kleine Handvoll frische Gurkenscheiben
- 1 Handvoll Anchovis (Sardellen), geröstet
- Sambal nach Geschmack
- Frischer Koriander

Zubereitung:

1. Koche den Reis nach Packungsanweisung, aber ersetze einen Teil des Wassers durch Kokosmilch, um ihm einen kokosnussigen Geschmack zu verleihen.

2. Erhitze das Erdnussöl in deinem Wok auf mittlerer Hitze. Gib die gehackten Zwiebeln und den Knoblauch hinzu und brate sie für 2-3 Minuten an, bis sie weich sind und duften.

3. Füge die Hühnerbruststücke hinzu und brate sie unter ständigem Rühren für weitere 5 Minuten, bis sie durchgegart sind.

4. Streue das Chilipulver und Kurkuma über das Hühnerfleisch und rühre alles gut durch, so dass das Fleisch gleichmäßig gewürzt ist. In der Zwischenzeit röste die Anchovis in einer separaten Pfanne, bis sie knusprig sind.

5. Gib den gekochten Reis in den Wok und rühre ihn unter das Hühnerfleisch. Gib die restliche Kokosmilch, das Wasser, die Tamarindenpaste und den braunen Zucker hinzu. Rühre alles gut um und lass es für weitere 5-7 Minuten kochen, bis die Flüssigkeit aufgesogen ist und der Reis die Gewürze gut aufgenommen hat. Schmecke mit Salz ab.

6. Richte den Nasi Lemak auf einem Teller an. Lege das gekochte Ei, die gerösteten Erdnüsse, die Gurkenscheiben und die Anchovis dekorativ dazu. Gib einen Löffel Sambal dazu und streue Koriander über das Gericht. Guten Appetit.

Wok-Gemüse mit Sambal

Zubereitungszeit: 25 Minuten
Portionen: 1 Person

Zutaten:

- 150 g Brokkoli, in kleine Röschen geschnitten
- 1 Karotte, in dünne Scheiben geschnitten
- 1 rote Paprika, in Streifen geschnitten
- 1 Zwiebel, gewürfelt
- 2 EL Sojasauce
- 1 EL Sambal Oelek
- 2 EL Erdnussöl
- 2 Knoblauchzehen, fein gehackt
- 1 TL Ingwer, frisch gerieben
- 1 TL Sesamöl
- 1 TL Sesamsamen
- 50 ml Gemüsebrühe

Zubereitung:

1. Erhitze das Erdnussöl in deinem Wok auf hoher Temperatur. Sobald das Öl heiß ist, füge die Zwiebelwürfel hinzu und brate sie für etwa 2 Minuten an, bis sie glasig werden.

2. Gib nun den Knoblauch und den Ingwer hinzu und rühre gut um. Achte darauf, dass nichts anbrennt. Lass alles für weitere 2 Minuten braten.

3. Jetzt kommen die Brokkoliröschen, die Karottenscheiben und die Paprikastreifen dazu. Rühre alles gut durch und brate das Gemüse für etwa 5 Minuten an, bis es bissfest ist.

4. Lösche das Gemüse mit der Gemüsebrühe ab und rühre die Sojasauce sowie das Sambal Oelek unter. Lass alles für etwa 3 Minuten köcheln.

5. Zum Schluss gibst du das Sesamöl hinzu und bestreust das Gericht mit Sesamsamen. Alles noch einmal gut durchmischen.

6. Schmecke ab und passe die Würze nach deinem Geschmack an. Guten Appetit.

Hähnchen Satay

Zubereitungszeit: 30 Minuten
Portionen: 1 Person

Zutaten:

- 150 g Hähnchenbrust, in Würfel geschnitten
- 2 EL Sojasauce
- 1 EL Honig
- 1 TL gemahlener Koriander
- 1 TL gemahlener Kreuzkümmel
- 1 EL cremige Erdnussbutter
- 1 Knoblauchzehe, fein gehackt
- 1 kleine rote Chilischote, fein gehackt
- 100 ml Kokosmilch, ungesüßt
- 1 EL Sonnenblumenöl
- Saft einer halben Bio-Limette
- 1 EL frischer Koriander, gehackt
- Salz und Pfeffer nach Geschmack
- Einige Holzspieße, eingeweicht in Wasser

Zubereitung:

1. Beginne damit, die Hähnchenwürfel für etwa 15 Minuten in einer Marinade aus Sojasauce, Honig, gemahlenem Koriander, gemahlenem Kreuzkümmel, Salz und Pfeffer einzulegen.

2. Während das Hähnchen mariniert, kannst du die Erdnusssauce zubereiten. Vermische dazu die Erdnussbutter, den gehackten Knoblauch, die gehackte Chilischote, die Kokosmilch und den Limettensaft in einer Schüssel. Rühre so lange, bis eine glatte Sauce entsteht. Falls die Sauce zu dick ist, kannst du noch etwas Wasser hinzufügen.

3. Nun kannst du die Hähnchenwürfel auf die eingeweichten Holzspieße fädeln.

4. Erhitze das Sonnenblumenöl in deinem Wok auf mittlerer Hitze und brate die Spieße für etwa 8-10 Minuten an, bis sie durchgegart und gebräunt sind.

5. Serviere die Spieße mit der Erdnusssauce und bestreue alles mit frischem Koriander. Guten Appetit.

Beef Rendang

Zubereitungszeit: 60 Minuten
Portionen: 1 Person

Zutaten:

- 200 g Rinderbrust, in Würfel geschnitten
- 200 ml Kokosmilch, ungesüßt
- 1 Stängel Zitronengras, unteres Drittel fein gehackt
- 2 Kaffir-Limettenblätter, zerrissen
- 1 Schalotte, grob gehackt
- 3 Knoblauchzehen
- 2 cm frischer Galgant
- 2 cm frischer Kurkuma (oder 1 TL gemahlener Kurkuma)
- 2 rote Chilischoten
- 2 EL geröstete Kokosraspeln
- 2 EL Tamarindensaft
- 1 TL Palmzucker
- 2 EL Sonnenblumenöl
- Salz nach Geschmack

Zubereitung:

1. Beginne mit der Vorbereitung deiner Zutaten. Dafür schälst du den Galgant und den Kurkuma (falls frisch verwendet) und schneidest beides in kleine Stücke. Die Schalotte, Knoblauchzehen und Chilischoten werden ebenfalls grob gehackt.

2. Jetzt ist es Zeit, die Gewürzpaste herzustellen. Nimm einen Mörser und gib Schalotte, Knoblauch, Galgant, Kurkuma und Chilischoten hinein. Zerstoße alles gründlich, bis eine feine, homogene Paste entsteht. Du kannst für diesen Schritt auch einen Mixer verwenden, um Zeit zu sparen.

3. Erhitze nun das Sonnenblumenöl in deinem Wok auf mittlere Hitze. Sobald das Öl heiß ist, fügst du die Gewürzpaste hinzu. Brate sie unter ständigem Rühren für etwa 2-3 Minuten an, bis sie duftet.

4. Gib die Rinderwürfel in den Wok. Brate sie unter gelegentlichem Rühren an, sodass sie von allen Seiten braun werden.

5. Als nächstes gibst du das fein gehackte Zitronengras, die Limettenblätter, die Kokosraspeln, den Tamarindensaft und den Palmzucker in den Wok.

6. Rühre alles gut durch. Dann gießt du die Kokosmilch hinzu und bringst die Mischung zum Köcheln.

7. Reduziere die Hitze und lass dein Rendang für etwa 45-50 Minuten sanft köcheln. Rühre ab und zu um, damit nichts anbrennt.

8. Zum Schluss schmeckst du das Rendang mit Salz ab und rührst alles noch einmal gut durch. Guten Appetit.

Gebratener Reis mit Ananas

Zubereitungszeit: 30 Minuten
Portionen: 1 Person

Zutaten:

- 150 g gekochter Jasminreis (vom Vortag)
- 100 g frische Ananas, gewürfelt
- 50 g Hühnerbrust, in Streifen geschnitten
- 1 kleine Karotte, geschält und in dünne Scheiben geschnitten
- 1 Frühlingszwiebel, schräg in dünne Ringe geschnitten
- 1 EL dunkle Sojasauce
- 1 EL Fischsauce
- 1 TL Tamarindenpaste
- 1 EL Erdnussöl
- 1/2 TL Currypulver
- Eine Prise Chiliflocken
- Ein Spritzer Bio-Limettensaft
- Frische Korianderblätter

Zubereitung:

1. Den Wok auf hohe Hitze vorheizen und das Erdnussöl hineingeben.
2. Die Hühnerbruststreifen in den Wok geben und unter Rühren für 2–3 Minuten braten, bis sie durchgegart sind. Herausnehmen und beiseite stellen.
3. Im selben Wok den Knoblauch und das Currypulver kurz anbraten, bis es duftet.
4. Die Karotten hinzufügen und 1–2 Minuten unter ständigem Rühren braten.
5. Den Reis hinzufügen und alles gut vermengen, sodass der Reis das Currypulver aufnimmt.
6. Die Ananaswürfel, Sojasauce, Fischsauce und Tamarindenpaste hinzufügen. Alles gut umrühren und 2–3 Minuten braten.
7. Die gebratenen Hühnerbruststreifen wieder in den Wok geben und unterheben.
8. Mit Chiliflocken würzen und alles gut vermischen.
9. Den Wok vom Herd nehmen, einen Spritzer Limettensaft über den Reis geben und alles noch einmal gut durchmischen.
10. Das Gericht auf einen Teller geben, mit Korianderblättern garnieren und servieren. Guten Appetit.

Curry Mee

Zubereitungszeit: 30 Minuten
Portionen: 1 Person

Zutaten:

- 150 g Reisnudeln
- 100 g Hähnchenbrust, in dünne Streifen geschnitten
- 100 g Garnelen, geschält und entdarmt
- 1 kleine Karotte, in feine Streifen geschnitten
- 1 Handvoll Baby-Spinat
- 2 Frühlingszwiebeln, in feine Ringe geschnitten
- 1 rote Chili, fein gehackt
- 2 EL Currypulver
- 200 ml Kokosmilch, ungesüßt
- 300 ml Hühnerbrühe
- 1 Stück Galgant (ca. 2 cm), fein gerieben
- 1 TL Zucker
- 2 EL Sojasauce
- 1 TL Sesamöl
- 1 Knoblauchzehe, fein gehackt
- 1 EL Sonnenblumenöl
- Frischer Koriander
- 1 Bio-Limette, in Spalten geschnitten
- 1 hartgekochtes Bio-Ei, halbiert
- 2 EL Erdnüsse, grob gehackt
- 1 TL Sambal Oelek

Zubereitung:

1. Zuerst kochst du die Reisnudeln nach Packungsanleitung, gießt sie ab und stellst sie beiseite.

2. Das Sonnenblumenöl in deinem Wok auf hoher Stufe erhitzen. Sobald es heiß ist, kommen die Hähnchenstreifen und Garnelen hinein. Du brätst sie, bis sie durchgegart sind. Anschließend nimmst du sie aus dem Wok und legst sie beiseite.

3. Im selben Wok reduzierst du die Hitze, fügst das Sesamöl hinzu und lässt den Knoblauch, die Frühlingszwiebeln und die rote Chili anschwitzen, bis sie weich sind. Dann gibst du das Currypulver und den geriebenen Galgant dazu, rührst gut um und lässt alles kurz anrösten.

4. Jetzt kommen die Karottenstreifen dazu. Du brätst sie, bis sie weich sind, aber noch Biss haben. Die Reisnudeln, das gebratene Hähnchen, die Garnelen, die Hühnerbrühe, die Kokosmilch, die Sojasauce und der Zucker kommen nun dazu. Alles gut vermengen und einige Minuten köcheln lassen.

5. Kurz vor dem Servieren fügst du den Baby-Spinat und das Sambal Oelek hinzu und rührst um, bis der Spinat zusammengefallen ist.

6. Die Curry Mee in eine tiefe Schüssel geben und mit den Erdnüssen, Koriander, den Limettenspalten und dem hartgekochten Ei garnieren. Guten Appetit.

Malaiisches Curry

Zubereitungszeit: 20 Minuten
Portionen: 1 Person

Zutaten:

- 150 g Garnelen, geschält und entdarmt
- 1 kleine rote Zwiebel, fein gewürfelt
- 2 Knoblauchzehen, fein gehackt
- 1 cm frischer Ingwer, fein gerieben
- 1 EL Tamarindenpaste
- 1 TL Kurkumapulver
- 1 TL Paprikapulver, edelsüß
- 1 TL Korianderpulver
- 200 ml Kokosmilch, ungesüßt
- 1 EL Sonnenblumenöl
- Salz nach Geschmack
- Frischer Koriander, gehackt
- 1 Frühlingszwiebel, in Ringe geschnitten

Zubereitung:

1. Erhitze das Sonnenblumenöl in deinem Wok auf mittlerer Hitze. Sobald das Öl heiß ist, füge die gewürfelte rote Zwiebel hinzu und brate sie für 2–3 Minuten, bis sie weich und leicht golden wird.

2. Gib den gehackten Knoblauch und den geriebenen Ingwer hinzu. Rühre gut um und lasse alles für weitere 1–2 Minuten braten, bis es duftet.

3. Streue das Kurkuma-, Paprika- und Korianderpulver darüber und rühre erneut gut um. Lasse die Gewürze für etwa eine Minute rösten.

4. Füge nun die Garnelen hinzu. Brate sie unter ständigem Rühren für 3–4 Minuten, bis sie fast gar sind.

5. Löse die Tamarindenpaste in 50 ml warmem Wasser auf und gieße sie zu den Garnelen in den Wok.

6. Gieße die Kokosmilch dazu und rühre alles gut um. Lasse das Curry für 5–6 Minuten köcheln, bis die Garnelen gar sind und die Sauce eingedickt ist.

7. Schmecke das Curry mit Salz ab und rühre noch einmal gut um.

8. Nimm den Wok vom Herd und garniere das Curry mit dem Koriander und den Frühlingszwiebelringen. Guten Appetit.

Rindfleisch mit Ingwer und Frühlingszwiebeln

Zubereitungszeit: 20 Minuten
Portionen: 1 Person

Zutaten:

- 150 g Rindfleisch, in dünne Streifen geschnitten
- 1 EL Sojasauce
- 1 EL Kecap Manis
- 1 TL Sesamöl
- 2 EL Sonnenblumenöl
- 2 cm frischer Ingwer, in feine Streifen geschnitten
- 2 Frühlingszwiebeln, in 2 cm lange Stücke geschnitten
- 1 kleine rote Chili, entkernt und fein gehackt
- 1 Knoblauchzehe, fein gehackt
- 100 ml Rinderbrühe oder Wasser
- 1 TL Maisstärke, aufgelöst in 2 EL Wasser
- Salz und Pfeffer nach Geschmack
- Ein paar frische Korianderblätter

Zubereitung:

1. Das Rindfleisch mit der Sojasauce, dem Kecap Manis und dem Sesamöl in einer Schüssel vermengen und für 10 Minuten marinieren lassen.

2. Das Sonnenblumenöl in einem Wok auf hohe Temperatur erhitzen. Das marinierte Rindfleisch hinzufügen und unter ständigem Rühren für 2-3 Minuten scharf anbraten, bis es rundherum braun ist. Dann aus dem Wok nehmen und beiseite stellen.

3. Im verbleibenden Öl im Wok den Ingwer, den Knoblauch, die Chili und die Frühlingszwiebeln für etwa 2 Minuten unter ständigem Rühren braten.

4. Das angebratene Rindfleisch wieder in den Wok geben und alles gut durchmischen.

5. Die Rinderbrühe oder das Wasser angießen und zum Kochen bringen.

6. Die aufgelöste Maisstärke hinzufügen und weiter rühren, bis die Sauce andickt.

7. Mit Salz und Pfeffer abschmecken und auf einem Teller anrichten.

8. Mit Korianderblättern garnieren und servieren. Guten Appetit.

Vietnamesische Gerichte

Pho aus dem Wok

Zubereitungszeit: 20 Minuten
Portionen: 1 Person

Zutaten:

- 100 g Reisnudeln, nach Packungsanleitung vorbereitet
- 150 g Rindfleisch, dünn geschnitten
- 1 EL Sojasauce
- 1 TL Fischsauce
- 1 TL Zucker
- 1 Knoblauchzehe, fein gehackt
- 1 Stück Ingwer (ca. 2 cm), fein gehackt
- 500 ml Rinderbrühe
- 1 EL Sonnenblumenöl
- 2 Frühlingszwiebeln, in dünne Ringe geschnitten
- Eine Handvoll frische Kräuter (z.B. Koriander und Minze), grob gehackt
- 1 Bio-Limette, in Spalten geschnitten
- Frische Chilis, nach Geschmack, in dünne Ringe geschnitten
- Salz und Pfeffer nach Geschmack

Zubereitung:

1. Erhitze das Sonnenblumenöl im Wok auf hoher Stufe. Sobald es heiß ist, füge das Rindfleisch hinzu und brate es für etwa 2 Minuten an, bis es gebräunt ist. Nimm das Fleisch aus dem Wok und stelle es beiseite.

2. In demselben Wok reduziere die Hitze auf mittlere Stufe und füge den gehackten Knoblauch und Ingwer hinzu. Rühre alles gut um und lasse es für etwa 1 Minute anbraten, bis sie duften.

3. Gieße die Rinderbrühe in den Wok und erhöhe die Hitze, um alles zum Kochen zu bringen. Füge die Sojasauce, Fischsauce und den Zucker hinzu und rühre gut um. Schmecke die Brühe ab und würze sie mit Salz und Pfeffer nach deinem Geschmack.

4. Sobald die Brühe kocht, füge die vorbereiteten Reisnudeln hinzu und koche sie für 2-3 Minuten, bis sie weich sind.

5. Gib das angebratene Rindfleisch wieder in den Wok und lasse alles für weitere 2 Minuten köcheln.

6. Gib die Pho in eine große Schüssel und garniere sie mit den Frühlingszwiebelringen, den frischen Kräutern, den Chiliringen und den Limettenspalten. Guten Appetit.

Bun Cha

Zubereitungszeit: 30 Minuten
Portionen: 1 Person

Zutaten:

- 150 g Schweinefleisch (vorzugsweise Nacken), in dünne Scheiben geschnitten
- 1 EL Sojasauce
- 1 EL Fischsauce
- 1 TL brauner Zucker
- 2 Knoblauchzehen, fein gehackt
- 1 kleine Chili, fein geschnitten
- 100 g Reisnudeln
- 1 Karotte, in Streifen geschnitten
- 1/2 Gurke, in Streifen geschnitten
- Frische Kräuter nach Wahl (z.B. Koriander, Minze)
- 1 EL Erdnussöl
- 1 EL Bio-Limettensaft
- Salz nach Geschmack

Zubereitung:

1. Zuerst bereitest du eine Marinade vor, indem du die Sojasauce, Fischsauce, den braunen Zucker, den gehackten Knoblauch und die Chili in einer Schüssel gut miteinander vermischt. Lege die Schweinefleischscheiben in die Marinade und lasse das Fleisch für etwa 15 Minuten darin ziehen.

2. Während das Fleisch mariniert, kannst du die Reisnudeln nach Packungsanleitung zubereiten. Achte darauf, sie nicht zu lange zu kochen, sie sollten noch etwas Biss haben. Nach dem Kochen die Nudeln abgießen und mit kaltem Wasser abspülen, um ein Verkleben zu verhindern.

3. Nun erhitzt du das Erdnussöl in deinem Wok auf hoher Stufe. Wenn das Öl heiß ist, gibst du die marinierten Schweinefleischscheiben hinzu und brätst sie für etwa 2-3 Minuten von jeder Seite an, bis sie gebräunt sind.

4. Sobald das Fleisch fertig ist, nimmst du es aus dem Wok und legst es beiseite. Im verbliebenen Öl brätst du nun die Karottenstreifen und Gurkenstreifen für etwa 2 Minuten an. Sie sollten noch etwas Biss haben.

5. Jetzt gibst du die Reisnudeln und das gebratene Fleisch zurück in den Wok und vermengst alles gut miteinander. Mit Salz und Limettensaft abschmecken und noch einmal alles gut durchrühren.

6. Richte das Bun Cha in einer Schüssel an und garniere es mit Kräutern. Guten Appetit.

Vietnamesische Garnelen-Pfanne

Zubereitungszeit: 20 Minuten
Portionen: 1 Person

Zutaten:

- 150 g Garnelen, geschält und entdarmt
- 1 Karotte, in feine Streifen geschnitten
- 1 rote Paprika, in Streifen geschnitten
- 50 g Mungobohnensprossen
- 2 Frühlingszwiebeln, in Ringe geschnitten
- 2 Knoblauchzehen, fein gehackt
- 1 EL frischer Ingwer, fein gehackt
- 2 EL Sojasauce
- 1 EL Fischsauce
- 1 TL Sesamöl
- 1 TL Zucker
- Frischer Koriander, gehackt
- 1 EL Sonnenblumenöl
- Saft einer halben Bio-Limette
- 1 TL Chiliflocken
- Salz und Pfeffer

Zubereitung:

1. Erhitze das Sonnenblumenöl in deinem Wok auf hohe Temperatur. Sobald das Öl heiß ist, füge die Garnelen hinzu und brate sie für etwa 2-3 Minuten, bis sie rosa und gar sind. Nimm die Garnelen aus dem Wok und stelle sie beiseite.

2. Im selben Wok füge jetzt den Knoblauch, Ingwer, die Karottenstreifen und die Paprikastreifen hinzu. Brate alles für 3-4 Minuten, bis das Gemüse leicht angebraten und bissfest ist.

3. Gib nun die Frühlingszwiebeln, Mungobohnensprossen, Sojasauce, Fischsauce, Sesamöl und Zucker hinzu. Rühre alles gut um und brate es für weitere 2 Minuten.

4. Füge die zuvor gebratenen Garnelen wieder in den Wok hinzu und rühre alles gut durch, sodass die Garnelen mit der Sauce und dem Gemüse gut vermengt sind.

5. Schmecke das Gericht mit Limettensaft, Chiliflocken, Salz und Pfeffer ab.

6. Alles auf einem Teller anrichten und mit Koriander garnieren. Guten Appetit.

Gebratener Reis mit Krabben

Zubereitungszeit: 20 Minuten

Portionen: 1 Person

Zutaten:

- 150 g gekochter Basmatireis (vom Vortag)
- 100 g Krabben, geschält und entdarmt
- 1 Frühlingszwiebel, in feine Ringe geschnitten
- 1 Karotte, in dünne Streifen geschnitten
- 1 kleine rote Paprika, in dünne Streifen geschnitten
- 2 EL Sojasauce
- 1 EL Austernsauce
- 1 TL Sesamöl
- 1 Knoblauchzehe, fein gehackt
- 1 Stück Ingwer, ca. 1 cm, fein gehackt
- 1 EL Erdnussöl
- Salz und Pfeffer nach Geschmack
- Frischer Koriander

Zubereitung:

1. Erhitze das Erdnussöl in deinem Wok auf hoher Temperatur. Sobald das Öl heiß ist, füge den gehackten Knoblauch und Ingwer hinzu und brate sie für etwa 30 Sekunden, bis sie duften.

2. Füge die Krabben hinzu und brate sie für 2-3 Minuten, bis sie fast gar sind. Nimm die Krabben aus dem Wok und lege sie beiseite.

3. Gib die Karottenstreifen in den Wok und brate sie für 2 Minuten, damit sie etwas weicher werden, aber noch Biss haben.

4. Füge die roten Paprikastreifen und Frühlingszwiebelringe hinzu. Brate alles für weitere 2 Minuten.

5. Gib den gekochten Reis dazu und rühre gut um, sodass alle Zutaten gleichmäßig verteilt sind.

6. Füge die Krabben wieder hinzu und gieße Sojasauce, Austernsauce und Sesamöl darüber. Mische alles gut durch und brate es für weitere 2-3 Minuten.

7. Schmecke das Gericht mit Salz und Pfeffer ab und rühre nochmals alles gut durch.

8. Mit frischem Koriander garnieren und servieren. Guten Appetit.

Hähnchen mit Ananas und Cashewnüssen

Zubereitungszeit: 30 Minuten
Portionen: 1 Person

Zutaten:

- 150 g Hähnchenbrust, in dünne Streifen geschnitten
- 100 g frische Ananas, in kleine Würfel geschnitten
- 30 g Cashewnüsse, geröstet
- 1 kleine Karotte, in feine Streifen geschnitten
- 1 Frühlingszwiebel, in feine Ringe geschnitten
- 2 EL Fischsauce
- 1 EL Bio-Limettensaft
- 1 EL Austernsauce
- 1 TL Zucker
- 1 Knoblauchzehe, fein gehackt
- 1 kleines Stück Ingwer, fein gerieben
- 2 EL Sonnenblumenöl
- Frische Kräuter (z.B. Koriander oder Minze)
- Salz und Pfeffer nach Geschmack

Zubereitung:

1. Erhitze das Sonnenblumenöl in deinem Wok auf hoher Stufe.

2. Füge die Hähnchenstreifen hinzu und brate sie für etwa 2-3 Minuten, bis sie gebräunt und durchgegart sind. Nimm das Hähnchen dann aus dem Wok und stelle es beiseite.

3. Im selben Wok gibst du jetzt den Knoblauch und den Ingwer hinzu und brätst beides kurz an, bis es duftet.

4. Füge die Karottenstreifen hinzu und brate sie für ein paar Minuten, bis sie etwas weich geworden sind.

5. Nun kommen die Ananaswürfel dazu. Brate alles zusammen für weitere 2 Minuten.

6. Gib das gebratene Hähnchen wieder in den Wok.

7. In einer kleinen Schüssel vermische die Fischsauce, die Austernsauce, den Limettensaft und den Zucker, bis sich der Zucker aufgelöst hat.

8. Gieße die Sauce über das Hähnchen und Gemüse im Wok.

9. Rühre alles gut um und lasse es für weitere 2-3 Minuten köcheln.

10. Schmecke das Gericht mit Salz und Pfeffer ab und rühre die gerösteten Cashewnüsse unter.

11. Alles auf einem Teller anrichten und mit Kräutern und den Frühlingszwiebelringen garnieren. Guten Appetit.

Scharfe Nudelpfanne mit Tofu

Zubereitungszeit: 30 Minuten
Portionen: 1 Person

Zutaten:

- 100 g Reisnudeln
- 150 g Tofu, fest und in Würfel geschnitten
- 1 kleine Karotte, in dünne Streifen geschnitten
- 50 g Zuckerschoten, geputzt und halbiert
- 1 Frühlingszwiebel, in dünne Ringe geschnitten
- 1 EL Fischsauce
- 1 EL Reisessig
- 1 TL Chilipaste (z.B. Sambal Oelek)
- 1 Knoblauchzehe, fein gehackt
- Ein Stück Ingwer (ca. 2 cm), fein gehackt
- Frische Kräuter wie Koriander und Minze
- 1 EL Erdnussöl
- Ein paar Bio-Limettenspalten

Zubereitung:

1. Setz Wasser auf und koche die Reisnudeln nach Packungsanweisung. Sie sollten am Ende bissfest sein. Gieße sie ab und spüle sie mit kaltem Wasser ab.

2. Erhitz das Erdnussöl in deinem Wok auf hoher Flamme. Füg den Tofu hinzu und brat ihn, bis er rundherum knusprig und goldbraun ist. Das dauert etwa 3-4 Minuten. Nimm den Tofu aus dem Wok und stell ihn beiseite.

3. Reduziere die Hitze auf mittlere Stufe und füg Knoblauch und Ingwer hinzu. Brate sie für etwa 1 Minute, bis sie duften, aber achte darauf, dass sie nicht verbrennen.

4. Gib nun die Karottenstreifen und Zuckerschoten in den Wok. Brate das Gemüse für weitere 2 Minuten, bis es leicht angebraten, aber noch knackig ist.

5. Nun kommen die Nudeln, der Tofu, die Fischsauce, der Reisessig und die Chilipaste hinzu. Vermenge alles gut und brate es für weitere 2-3 Minuten.

6. Kurz vor dem Servieren gib die Frühlingszwiebeln und die frischen Kräuter dazu. Mische alles noch einmal gründlich durch.

7. Serviere die Nudelpfanne und garniere sie mit den Limettenspalten. Guten Appetit.

Vietnamesische Pfannkuchen

Zubereitungszeit: 30 Minuten
Portionen: 1 Person

Zutaten:

- 100 g Reismehl
- 1 EL Maismehl
- 150 ml Kokosmilch, ungesüßt
- 100 ml Wasser
- 1 TL Kurkuma
- 1 TL Salz
- 100 g frische Garnelen, geschält und entdarmt
- 50 g frische Mungobohnensprossen
- 1 Möhre, in feine Streifen geschnitten
- 1 Frühlingszwiebel, in Ringe geschnitten
- 2 EL frischer Koriander, gehackt
- 2 EL Sonnenblumenöl
- 2 EL Sojasauce
- 1 EL Bio-Limettensaft
- 1 TL Zucker

Zubereitung:

1. In einer großen Schüssel das Reismehl, Maismehl, Kokosmilch, Wasser, Kurkuma und Salz zu einem glatten Teig verrühren. Den Teig dann etwa 10 Minuten ruhen lassen.

2. In der Zwischenzeit kannst du den Wok auf mittlere Hitze bringen und 1 EL Sonnenblumenöl hineingeben. Die Garnelen im Wok für 2-3 Minuten anbraten, bis sie rosa und gar sind. Dann nimm sie aus dem Wok und lege sie beiseite.

3. Gib nun den restlichen EL Sonnenblumenöl in den Wok und lass es heiß werden. Schöpfe eine Kelle des Teigs in den Wok und verteile ihn schnell zu einem dünnen Pfannkuchen.

4. Verteile ein paar der Garnelen, Mungobohnensprossen, Möhrenstreifen und Frühlingszwiebelringe auf einer Hälfte des Pfannkuchens. Decke den Wok mit einem Deckel ab und lass den Pfannkuchen für 2-3 Minuten garen, bis die Ränder anfangen, sich leicht zu lösen und die Unterseite goldbraun ist.

5. Klapp den Pfannkuchen mit einem Pfannenwender zusammen, so dass die Füllung eingeschlossen ist. Lass den Pfannkuchen noch weitere 1-2 Minuten im Wok, damit er knusprig und goldbraun wird. Nimm den Pfannkuchen aus dem Wok und wiederhole den Vorgang mit dem restlichen Teig.

6. Für die Sauce mische die Sojasauce, Limettensaft und Zucker in einer kleinen Schüssel zusammen.

7. Serviere die Pfannkuchen, garniert mit Koriander und der Sojasauce zum Eintauchen. Guten Appetit.

Gebratene Reisnudeln mit Gemüse

Zubereitungszeit: 30 Minuten
Portionen: 1 Person

Zutaten:

- 100 g Reisnudeln
- 1 EL Fischsauce
- 1 EL helle Sojasauce
- 1 TL Zucker
- 1/2 Bio-Limette, den Saft ausgepresst
- 1/2 rote Paprika, in feine Streifen geschnitten
- 1 kleine Karotte, in feine Streifen geschnitten
- 2 Frühlingszwiebeln, das Weiße in Ringe und das Grüne in feine Streifen geschnitten
- 2 EL Sonnenblumenöl
- 1 Knoblauchzehe, fein gehackt
- 1 kleines Stück Ingwer (ca. 2 cm), fein gehackt
- 1 Handvoll frische Kräuter (Koriander, Minze), grob gehackt
- 1 Handvoll Sojasprossen
- 1 EL geröstete Erdnüsse, grob gehackt
- 1 TL Sesamöl

Zubereitung:

1. Koche die Reisnudeln nach Packungsanweisung, sie sollten am Ende bissfest sein. Gieße sie ab und spüle sie unter kaltem Wasser ab, um den Garprozess zu stoppen. Danach die Nudeln gut abtropfen lassen.

2. In einer kleinen Schüssel mische die Fischsauce, die Sojasauce, den Zucker und den Limettensaft. Rühre gut um, bis sich der Zucker aufgelöst hat.

3. Erhitze das Sonnenblumenöl in deinem Wok auf hoher Temperatur. Gib den Knoblauch und den Ingwer hinzu und brate beides kurz an, bis es duftet.

4. Füge die Paprikastreifen, die Karottenstreifen und die weißen Teile der Frühlingszwiebeln hinzu. Brate alles für etwa 3-4 Minuten an, bis das Gemüse weich wird, aber noch etwas Biss hat.

5. Gib die abgetropften Reisnudeln dazu und brate sie unter Rühren 2 Minuten mit an.

6. Gieße die Sauce über die Nudeln und das Gemüse und mische alles gut durch. Lass alles noch 1-2 Minuten braten, bis die Nudeln die Sauce aufgenommen haben.

7. Nimm den Wok vom Herd und rühre die Sojasprossen, die Kräuter und das grüne der Frühlingszwiebeln unter.

8. Träufle das Sesamöl über das Gericht und streue die gehackten Erdnüsse darüber. Alles auf einem Teller servieren. Guten Appetit.

Gebratenes Hähnchen

Zubereitungszeit: 25 Minuten
Portionen: 1 Person

Zutaten:

- 150 g Hähnchenbrust, in dünne Scheiben geschnitten
- 1 EL Sojasauce
- 1 TL Fischsauce
- 1 TL Zucker
- 2 TL frischer Bio-Limettensaft
- 1 Knoblauchzehe, fein gehackt
- 1 Stück frischer Ingwer (ca. 2 cm), fein gerieben
- 1 EL Sonnenblumenöl
- 100 g Zuckerschoten, geputzt
- 1 kleine Karotte, in dünne Streifen geschnitten
- Frühlingszwiebeln, in Ringe geschnitten
- Frische Kräuter wie Koriander oder Minze
- 1 EL geröstete Erdnüsse, grob gehackt

Zubereitung:

1. In einer Schüssel die Sojasauce, Fischsauce, Zucker, Limettensaft, Knoblauch und geriebenen Ingwer vermischen. Die Hähnchenscheiben hinzufügen und alles gut vermengen. Lass das Hähnchen für etwa 15 Minuten marinieren.

2. Erhitze das Sonnenblumenöl in deinem Wok auf hohe Temperatur.

3. Gib die marinierten Hähnchenscheiben in den Wok und brate sie für 2-3 Minuten, bis sie durchgegart sind. Nimm das Hähnchen aus dem Wok und stelle es beiseite.

4. In demselben Wok brate nun die Zuckerschoten und Karottenstreifen für 2-3 Minuten, bis sie bissfest sind.

5. Gib das Hähnchen wieder dazu und mische alles gut durch.

6. Richte das Gericht auf einem Teller an, garniere es mit den Frühlingszwiebelringen, Kräutern und den Erdnüssen. Guten Appetit.

Tofu mit Zitronengras und Chili

Zubereitungszeit: 25 Minuten
Portionen: 1 Person

Zutaten:

- 200 g fester Tofu, in Würfel geschnitten
- 1 Stängel Zitronengras, äußere Blätter entfernt und fein gehackt
- 1 rote Chili, entkernt und fein geschnitten
- 2 Knoblauchzehen, fein gehackt
- 1 Karotte, in dünne Streifen geschnitten
- 1 Handvoll Zuckerschoten, geputzt
- 2 EL Sojasauce
- 1 EL Fischsauce
- 1 TL Zucker
- Saft einer halben Bio-Limette
- 2 EL Sonnenblumenöl
- Frische Minze und Koriander
- Gehackte Erdnüsse zum Bestreuen
- Frühlingszwiebeln, in feine Ringe geschnitten

Zubereitung:

1. Erhitze das Sonnenblumenöl in einem Wok auf hoher Stufe. Füge den Tofu hinzu und brate ihn für etwa 3 Minuten, bis er rundherum goldbraun und knusprig ist. Nimm den Tofu aus dem Wok und lege ihn beiseite.

2. Im selben Wok das Zitronengras, die Chili und den Knoblauch hinzufügen. Brate alles unter Rühren für etwa 1 Minute an, bis es anfängt zu duften.

3. Jetzt kommen die Karottenstreifen und Zuckerschoten dazu. Alles zusammen für weitere 2 Minuten braten, sodass das Gemüse bissfest bleibt.

4. Den angebratenen Tofu zurück in den Wok geben. Sojasauce, Fischsauce, Zucker und Limettensaft darüber geben und alles gut vermischen. Lass alles noch 1-2 Minuten zusammen braten.

5. Zum Schluss das Gericht mit Frühlingszwiebeln, frischem Koriander, Minze und gehackten Erdnüssen garnieren. Guten Appetit.

Philippinische Gerichte

Adobo Hähnchen

Zubereitungszeit: 25 Minuten
Portionen: 1 Person

Zutaten:

- 150 g Hähnchenbrust, in Streifen geschnitten
- 3 EL Sojasauce
- 2 EL Weißweinessig
- 3 Knoblauchzehen, zerdrückt
- 1 kleine Zwiebel, in dünne Ringe geschnitten
- 1 Lorbeerblatt
- 1/4 TL Pfefferkörner
- 1/2 TL brauner Zucker
- 2 EL Sonnenblumenöl
- 50 ml Hühnerbrühe
- 1/2 rote Paprika, in Streifen geschnitten
- 1 Frühlingszwiebel, in Ringe geschnitten
- 1 TL Maisstärke, in 2 EL Wasser aufgelöst

Zubereitung:

1. In einer Schüssel mische die Sojasauce, den Weißweinessig, den zerdrückten Knoblauch, die Zwiebelringe, das Lorbeerblatt, die Pfefferkörner und den braunen Zucker. Füge die Hähnchenstreifen hinzu und lasse alles für etwa 15 Minuten marinieren.

2. Erhitze das Sonnenblumenöl in deinem Wok auf mittlerer Hitze. Nimm das Hähnchen aus der Marinade (bewahre die Marinade auf) und brate die Streifen für etwa 3 Minuten an, bis sie rundum leicht gebräunt sind.

3. Füge die Marinade hinzu und rühre um. Lass das Ganze aufkochen und füge dann die Hühnerbrühe hinzu. Lass alles für etwa 10 Minuten köcheln, bis das Hähnchen gar ist.

4. Gib die roten Paprikastreifen hinzu und koche sie für weitere 2 Minuten mit.

5. Rühre die aufgelöste Maisstärke unter und lass die Sauce unter ständigem Rühren eindicken.

6. Streue zum Schluss die Frühlingszwiebelringe über das Gericht.

7. Serviere das Gericht direkt aus dem Wok. Guten Appetit.

Sinangag

Zubereitungszeit: 20 Minuten
Portionen: 1 Person

Zutaten:

- 150 g gekochter Reis (vom Vortag, kalt)
- 1 EL Sojasauce
- 1 kleine Knoblauchzehe, fein gehackt
- 50 g Chorizo, in dünne Scheiben geschnitten
- 1 Frühlingszwiebel, in Ringe geschnitten
- 1 Bio-Ei
- 2 EL Sonnenblumenöl
- Eine Prise Salz
- Eine Prise frisch gemahlener schwarzer Pfeffer
- 1 EL Butter
- Ein paar Blätter frischer Koriander

Zubereitung:

1. Erhitze einen Wok bei mittlerer Hitze und füge das Sonnenblumenöl hinzu. Sobald das Öl heiß ist, gib die Knoblauchstücke in den Wok und brate sie für etwa 1 Minute, oder bis sie goldbraun sind und duften. Achte darauf, dass der Knoblauch nicht verbrennt, da er sonst bitter wird.

2. Füge die Chorizo-Scheiben hinzu und brate sie für 2-3 Minuten, bis sie knusprig sind. Rühre dabei ständig um, um ein gleichmäßiges Braten zu gewährleisten.

3. Schiebe die Chorizo und den Knoblauch an den Rand des Woks, so dass in der Mitte Platz entsteht. Gib die Butter in die Mitte und lasse sie schmelzen.

4. Schlage das Ei in die Mitte des Woks und rühre es schnell um. Lass es für etwa 30 Sekunden stocken, dann rühre es unter die Chorizo und den Knoblauch.

5. Gib den gekochten Reis in den Wok. Verwende einen Spatel, um den Reis aufzulockern und gleichmäßig unter die anderen Zutaten zu mischen. Brate alles für weitere 3-4 Minuten, bis der Reis heiß und leicht knusprig ist.

6. Gieße die Sojasauce über den Reis und mische alles gut durch. Würze mit Salz und schwarzem Pfeffer nach Geschmack.

7. Zum Schluss füge die geschnittenen Frühlingszwiebeln hinzu und rühre nochmals um, um alles gut zu vermischen.

8. Servieren und mit Korianderblättern garnieren. Guten Appetit.

Pancit Canton

Zubereitungszeit: 25 Minuten
Portionen: 1 Person

Zutaten:

- 100 g Pancit Canton Nudeln
- 1 EL Sonnenblumenöl
- 50 g Hähnchenbrust, in dünne Streifen geschnitten
- 1 kleine Karotte, geschält und in Streifen geschnitten
- 50 g Weißkohl, in Streifen geschnitten
- 2 Frühlingszwiebeln, in Ringe geschnitten
- 1 Knoblauchzehe, fein gehackt
- 1 EL Sojasauce
- 1 EL Austernsauce
- 50 ml Hühnerbrühe oder Wasser
- 1/2 TL Zucker
- 1/4 TL schwarzer Pfeffer
- Frische Korianderblätter

Zubereitung:

1. Erhitze das Sonnenblumenöl in einem Wok auf mittlerer bis hoher Hitze. Gib die Hähnchenstreifen in den Wok und brate sie für etwa 2-3 Minuten an, bis sie durchgegart sind. Nimm die Hähnchenstreifen aus dem Wok und stelle sie beiseite.

2. In demselben Wok gibst du jetzt den gehackten Knoblauch hinzu und brätst ihn für etwa 30 Sekunden an, bis er duftet. Achte darauf, dass er nicht verbrennt.

3. Füge nun die Karottenstreifen hinzu und brate sie für 2 Minuten an, bevor du den Weißkohl und die Frühlingszwiebeln hinzufügst. Brate alles zusammen für weitere 2 Minuten.

4. Gib die Pancit Canton Nudeln in den Wok und rühre gut um. Jetzt gib die Hühnerbrühe dazu und lasse die Nudeln für etwa 3-4 Minuten kochen, bis sie weich sind.

5. Füge die angebratenen Hähnchenstreifen wieder hinzu sowie die Sojasauce, Austernsauce, Zucker und schwarzen Pfeffer. Rühre alles gut um und lasse es für weitere 2-3 Minuten kochen, bis alles gut miteinander vermengt und durchgegart ist.

6. Schmecke das Gericht ab und passe die Würze nach Bedarf an. Danach mit frischen Korianderblättern garnieren. Guten Appetit.

Bistek Tagalog

Zubereitungszeit: 30 Minuten
Portionen: 1 Person

Zutaten:

- 150 g Rindfleisch, dünn geschnitten
- 1 mittelgroße Zwiebel, in Ringe geschnitten
- 2 EL Sojasauce
- 1 EL Bio-Zitronensaft oder Kalamansi-Saft
- 2 Knoblauchzehen, fein gehackt
- 1/2 TL schwarzer Pfeffer
- 1 EL Sonnenblumenöl
- 50 ml Wasser
- 1 TL Zucker
- Salz nach Geschmack

Zubereitung:

1. Mariniere das Rindfleisch in einer Mischung aus Sojasauce, Zitronen- oder Kalamansi-Saft, gehacktem Knoblauch und schwarzem Pfeffer für etwa 15 Minuten.

2. Erhitze das Sonnenblumenöl in deinem Wok auf mittlerer Flamme. Gib das marinierte Rindfleisch hinzu und brate es für etwa 2-3 Minuten von jeder Seite an, bis es gut gebräunt ist. Nimm das Fleisch aus dem Wok und lege es beiseite.

3. In dem verbleibenden Öl im Wok brätst du nun die Zwiebelringe an, bis sie weich sind und eine leichte Bräunung zeigen. Dies dauert etwa 2 Minuten.

4. Gib das angebratene Fleisch zurück in den Wok zu den Zwiebeln.

5. Füge Wasser und Zucker hinzu und lasse alles für etwa 5 Minuten köcheln, bis die Sauce etwas eingedickt ist und das Fleisch zart ist.

6. Schmecke das Gericht mit Salz und eventuell mehr Sojasauce oder Zitronensaft ab. Guten Appetit.

Wok-Gemüse mit Adobo-Sauce

Zubereitungszeit: 20 Minuten
Portionen: 1 Person

Zutaten:

- 150 g frischer Brokkoli, in Röschen zerteilt
- 1 mittelgroße Möhre, geschält und in dünne Streifen geschnitten
- 1 rote Paprika, entkernt und in Streifen geschnitten
- 2 Frühlingszwiebeln, in Ringe geschnitten
- 2 EL Sojasauce
- 1 EL Apfelessig
- 1 TL brauner Zucker
- 2 Knoblauchzehen, fein gehackt
- 1 Stück frischer Ingwer, ca. 2 cm, fein gehackt
- 2 EL Sonnenblumenöl
- Eine Prise Salz
- Eine Prise Pfeffer
- 1 TL Maisstärke
- Frischer Koriander, gehackt
- 1 EL Adobo-Sauce

Zubereitung:

1. Erhitze das Sonnenblumenöl in deinem Wok auf hoher Stufe, bis es richtig heiß ist.

2. Gib den gehackten Knoblauch und den Ingwer in den Wok und brate beides für etwa 30 Sekunden an, bis es duftet.

3. Füge die Brokkoliröschen hinzu und brate sie unter ständigem Rühren für etwa 2 Minuten an.

4. Nun kommen die Möhrenstreifen und die Paprikastreifen dazu. Brate alles weitere 3 Minuten unter Rühren.

5. Reduziere die Hitze auf mittlere Stufe und gib die Frühlingszwiebelringe dazu. Rühre gut um.

6. In einer kleinen Schüssel vermische die Sojasauce, den Apfelessig, den braunen Zucker und die Adobo-Sauce. Gieße die Mischung über das Gemüse im Wok.

7. Wenn du eine dickere Sauce möchtest, kannst du in einer weiteren kleinen Schüssel die Maisstärke mit ein wenig Wasser anrühren und dann ebenfalls in den Wok geben. Gut umrühren, bis die Sauce andickt.

8. Würze das Gemüse mit Salz und Pfeffer nach Geschmack.

9. Verteile das Gericht auf einem Teller und bestreue es mit Koriander. Guten Appetit.

Adobo Tofu

Zubereitungszeit: 20 Minuten
Portionen: 1 Person

Zutaten:

- 200 g Tofu, fest, in Würfel geschnitten
- 1 kleine Zwiebel, geschält und in Ringe geschnitten
- 2 Knoblauchzehen, geschält und fein gehackt
- 3 EL Sojasauce
- 2 EL Reisessig
- 1 TL brauner Zucker

- 1/2 TL schwarzer Pfeffer
- 2 Lorbeerblätter
- 2 EL Sonnenblumenöl
- 100 ml Wasser
- 1 Frühlingszwiebel, in Ringe geschnitten
- Eine Handvoll frischer Koriander, grob gehackt

Zubereitung:

1. Erhitze das Sonnenblumenöl in deinem Wok auf mittlerer Stufe. Gib die Tofuwürfel in den Wok und brate sie für 4–5 Minuten an, bis sie auf allen Seiten goldbraun und knusprig sind. Nimm den Tofu aus dem Wok und stelle ihn beiseite.

2. In demselben Wok füge die Zwiebelringe hinzu und brate sie für etwa 2 Minuten, bis sie weich sind. Füge den gehackten Knoblauch hinzu und brate alles zusammen für eine weitere Minute.

3. Reduziere die Hitze auf mittlere bis niedrige Stufe. Gib den angebratenen Tofu zurück in den Wok und füge Sojasauce, Essig, braunen Zucker, schwarzen Pfeffer, Lorbeerblätter und Wasser hinzu. Rühre alles gut um und lasse es für etwa 10–15 Minuten köcheln, bis die Sauce eingedickt ist.

4. Entferne die Lorbeerblätter und schmecke das Gericht ab. Wenn nötig, passe die Würze nach deinem Geschmack an.

5. Das Gericht auf einem Teller verteilen und mit den Frühlingszwiebeln und dem frischen Koriander garnieren. Guten Appetit.

Gebratener Reis mit Gemüse

Zubereitungszeit: 20 Minuten
Portionen: 1 Person

Zutaten:

- 150 g gekochter Jasminreis (vom Vortag)
- 1 kleine Aubergine, in kleine Würfel geschnitten
- 1 Handvoll grüne Bohnen, in 3 cm lange Stücke geschnitten
- 2 EL geschnittene Frühlingszwiebeln
- 1 EL Sojasauce
- 1 EL Fischsauce
- 1 EL Sonnenblumenöl
- 1 Bio-Ei, verquirlt
- 1 TL frischer Ingwer, fein gehackt
- 2 Knoblauchzehen, fein gehackt
- 1 TL Kalamansi- oder Limettensaft
- Salz und Pfeffer nach Geschmack
- Frische Korianderblätter

Zubereitung:

1. Erhitze das Sonnenblumenöl in deinem Wok auf hoher Stufe. Füge den fein gehackten Ingwer und Knoblauch hinzu und brate beides für etwa 1 Minute an, bis es duftet.

2. Füge die Auberginenwürfel hinzu und brate sie für etwa 3 Minuten, bis sie weich werden.

3. Gib nun die grünen Bohnenstücke hinzu und brate alles für weitere 3 Minuten an.

4. Schiebe das Gemüse an den Rand des Woks, sodass in der Mitte Platz entsteht. Gieße das verquirlte Ei hinein und rühre es sofort um, bis es stockt.

5. Mische nun den gekochten Jasminreis unter das Gemüse und das Ei. Stelle sicher, dass der Reis keine Klumpen bildet und sich gut verteilt.

6. Gieße die Sojasauce, die Fischsauce und den Kalamansi- oder Limettensaft über den Reis und das Gemüse. Rühre alles gut durch und lasse es noch 1-2 Minuten braten, bis alles gut durchgewärmt ist.

7. Schmecke das Gericht mit Salz und Pfeffer ab und richte es in einer Schale an. Garniere es zum Schluss mit Korianderblättern. Guten Appetit.

Kare-Kare aus dem Wok

Zubereitungszeit: 30 Minuten
Portionen: 1 Person

Zutaten:

- 150 g Rindfleisch, in dünne Streifen geschnitten
- 1 kleine Aubergine, in 1 cm dicke Scheiben geschnitten
- 50 g grüne Bohnen, in 3 cm lange Stücke geschnitten
- 50 g Pak Choi, Blätter und Stiele getrennt und grob geschnitten
- 2 EL Erdnussbutter
- 1 TL Bagoong (Garnelenpaste)
- 2 Knoblauchzehen, fein gehackt
- 1 kleine Zwiebel, in Ringe geschnitten
- 250 ml Rinderbrühe
- 2 EL Sonnenblumenöl
- Salz und Pfeffer nach Geschmack
- 1 TL Maisstärke, in 2 EL Wasser aufgelöst
- Einige Zweige frischer Koriander

Zubereitung:

1. Erhitze das Sonnenblumenöl in einem Wok auf hoher Stufe. Füge das Rindfleisch hinzu und brate es unter ständigem Rühren für etwa 2-3 Minuten, bis es von allen Seiten angebräunt ist. Nimm das Fleisch aus dem Wok und lege es beiseite.

2. Im selben Wok reduziere die Hitze auf mittlere Stufe. Gib den Knoblauch und die Zwiebelringe hinzu. Brate beides für etwa 2 Minuten, bis die Zwiebel weich wird und der Knoblauch duftet.

3. Füge nun die Auberginenscheiben hinzu und brate sie für weitere 3 Minuten, bis sie weich werden. Gib die grünen Bohnen und die Stiele des Pak Choi dazu. Brate alles zusammen für etwa 2 Minuten.

4. Gib das gebratene Rindfleisch wieder in den Wok.

5. In einem kleinen Topf erhitze die Rinderbrühe, bis sie heiß ist. Rühre die Erdnussbutter und die Bagoong ein, bis eine glatte Sauce entsteht.

6. Gieße die Erdnusssauce in den Wok und rühre alles gut durch. Lass das Gericht für 5 Minuten köcheln.

7. Gib die Pak Choi Blätter dazu und lass alles nochmals 2 Minuten köcheln.

8. Rühre die aufgelöste Maisstärke ein und koche alles unter Rühren weiter, bis die Soße eindickt.

9. Schmecke das Gericht mit Salz und Pfeffer ab und richte es auf einem Teller an. Danach mit frischen Koriander garnieren. Guten Appetit.

Maruya (gebratene Bananen)

Zubereitungszeit: 15 Minuten
Portionen: 1 Person

Zutaten:

- 1 reife Banane, geschält und längs in drei Scheiben geschnitten
- 30 g Mehl
- 1 Bio-Ei, verquirlt
- 20 g Panko
- Eine Prise Salz
- 50 ml Kokosmilch, ungesüßt
- 10 g brauner Zucker
- 1/2 TL Backpulver
- 100 ml Sonnenblumenöl
- 1 TL Honig
- Eine kleine Handvoll Sesamsamen

Zubereitung:

1. Nimm eine mittelgroße Schüssel und vermische darin das Mehl, das Backpulver und eine Prise Salz. Gib dann langsam die Kokosmilch dazu und rühre um, bis ein glatter Teig entsteht. Stelle den Teig kurz beiseite.

2. Heize das Sonnenblumenöl in deinem Wok auf mittlerer Hitze. Es sollte heiß genug sein, damit ein Tropfen Teig sofort zu brutzeln beginnt.

3. Tauche jede Bananenscheibe zuerst in das verquirlte Ei, sodass sie rundum benetzt ist, und wende sie anschließend in den Panko-Brotkrumen. Stelle sicher, dass sie vollständig bedeckt sind.

4. Leg die Bananenscheiben vorsichtig in den heißen Wok und brate sie für etwa 2 Minuten pro Seite, oder bis sie goldbraun und knusprig sind. Während des Bratens bestreue sie mit dem braunen Zucker, sodass eine leicht karamellisierte Kruste entsteht.

5. Sobald die Bananen fertig sind, lege sie auf Küchenpapier, um überschüssiges Öl abtropfen zu lassen.

6. Lege die gebratenen Bananen auf einen Teller und gib den Honig darüber. Bestreue sie zum Schluss mit den Sesamsamen. Guten Appetit.

Raclette

Vorwort

Liebe Leserin, lieber Leser,

ich freue mich, dass du dich für dieses Buch entschieden hast, um in die köstliche und vielseitige Welt des Raclettes einzutauchen. Beim Raclette geht es nicht nur um das Essen, sondern auch um das Zusammensein, um das Teilen von Freude und Geschmack mit Freunden und Familie.

In diesem Buch möchte ich dir zeigen, wie vielfältig und kreativ Raclette sein kann. Von traditionellen Rezepten bis hin zu modernen, experimentellen Ideen – hier findest du alles, um dein Raclette-Abend zu einem unvergesslichen Erlebnis zu machen. Ob du nun Käse liebst, Vegetarier bist oder Fleisch bevorzugst, diese Sammlung von Rezepten bietet für jeden etwas.

Dieses Buch ist sowohl für Raclette-Neulinge als auch für erfahrene Genießer gedacht. Es soll dich inspirieren, eigene Kreationen zu wagen und deine kulinarischen Fähigkeiten zu erweitern. Raclette ist mehr als nur Kochen – es ist ein Erlebnis, das Gemeinschaft und Kreativität feiert.

Ich hoffe, dass dieses Buch nicht nur deine Kochkünste bereichert, sondern auch dazu beiträgt, warme und unvergessliche Momente mit deinen Liebsten zu schaffen. Lass dich von den Rezepten inspirieren, probiere sie zu Hause aus und entdecke vielleicht sogar dein neues Lieblingsgericht. Genieße jedes Rezept und vor allem, genieße die Zeit, die du beim Kochen und Essen mit anderen verbringst.

Käse

Schweizer Raclette-Käse mit Paprikawürfeln

Zubereitungszeit: 20 Minuten
Portionen: 4

Zutaten:

- 600 g Schweizer Raclette-Käse, in Scheiben geschnitten
- 2 rote Paprika, gewürfelt
- 2 gelbe Paprika, gewürfelt
- 200 g kleine festkochende Kartoffeln, vorgekocht und halbiert
- 1 Bund Frühlingszwiebeln, in Ringe geschnitten
- 4 EL natives Olivenöl extra
- 1 TL Paprikapulver, edelsüß
- Salz und Pfeffer nach Geschmack
- Frische Kräuter (z.B. Thymian, Oregano), gehackt

Zubereitung:

1. Heize zuerst deinen Raclette-Grill vor. Währenddessen kannst du die vorgekochten Kartoffelhälften mit etwas Olivenöl, Salz und dem Paprikapulver vermischen. Leg die Kartoffeln dann oben auf den Grill und lass sie rundum goldbraun werden.

2. Nun nimmst du die Paprikawürfel und mischst sie mit den restlichen 2 EL Olivenöl und den Frühlingszwiebelringen. Würze das Ganze mit Salz und Pfeffer nach deinem Geschmack. Verteile diese Mischung in den Raclette-Pfännchen.

3. Jetzt legst du eine Scheibe Raclette-Käse über die Paprika-Frühlingszwiebel-Mischung in jedes Pfännchen. Lass den Käse unter dem Grill schmelzen, bis er blubbert und die Ränder leicht braun sind.

4. Bestreue die Pfännchen mit den frischen Kräutern.

5. Serviere die Pfännchen zusammen mit den knusprigen Kartoffeln. Guten Appetit.

Gorgonzola-Pilz-Pfännchen

Zubereitungszeit: 15 Minuten
Portionen: 4

Zutaten:

- 250 g frische Champignons, in Scheiben geschnitten
- 150 g Gorgonzola, gewürfelt
- 1 mittelgroße rote Zwiebel, fein gewürfelt
- 4 EL Walnüsse, grob gehackt
- 2 EL frische Petersilie, gehackt
- 1 TL getrockneter Thymian
- 2 EL natives Olivenöl extra
- Schwarzer Pfeffer, frisch gemahlen
- 1 Prise Salz

Zubereitung:

1. Heize zuerst deinen Raclette Grill vor.

2. Nimm dir die Champignonscheiben und mische sie in einer Schüssel mit dem Olivenöl, dem Thymian, einer Prise Salz und etwas frisch gemahlenem Pfeffer.

3. Verteile nun die gewürfelte rote Zwiebel gleichmäßig auf die Raclette-Pfännchen.

4. Gib darauf die marinierten Champignonscheiben und streue die Walnüsse darüber.

5. Zum Schluss legst du die Gorgonzola-Würfel oben auf die Pilz-Nuss-Mischung.

6. Nun den Käse unter dem Raclette Grill für etwa 6-8 Minuten grillen, bis der Käse blubbert und leicht gebräunt ist.

7. Nimm die Pfännchen vorsichtig vom Grill und bestreue jedes mit frischer Petersilie. Guten Appetit.

Geräucherter Cheddar mit Baconwürfeln

Zubereitungszeit: 15 Minuten
Portionen: 4

Zutaten:

- 200 g geräucherter Cheddar, grob gerieben
- 150 g Bacon, in kleine Würfel geschnitten
- 2 mittelgroße Kartoffeln, vorgekocht und in dünne Scheiben geschnitten
- 1 rote Zwiebel, in feine Würfel geschnitten
- 1 grüner Apfel, entkernt und in dünne Spalten geschnitten
- 4 EL Schnittlauch, frisch geschnitten
- Salz und Pfeffer zum Abschmecken
- Ein wenig Paprikapulver, edelsüß

Zubereitung:

1. Erhitze zuerst deinen Raclette-Grill. Während der Grill aufwärmt, kannst du die Baconwürfel in einer kleinen Pfanne anbraten, bis sie knusprig sind. Danach nimmst du sie heraus und legst sie auf Küchenpapier, damit das überschüssige Fett aufgesogen wird.

2. Nun verteilst du die Kartoffelscheiben gleichmäßig auf die Raclette-Pfännchen.

3. Streue als Nächstes die roten Zwiebelwürfel über die Kartoffeln.

4. Jetzt legst du auf jedes Pfännchen ein paar Apfelspalten.

5. Verteile den geriebenen Cheddar großzügig über die Zwiebeln, Äpfel und Kartoffeln.

6. Nun gibst du eine gute Prise Salz und Pfeffer darüber und bestreust alles mit einer leichten Schicht Paprikapulver.

7. Zu guter Letzt verteilst du die knusprigen Baconwürfel auf dem Cheddar.

8. Stelle die Pfännchen unter den Raclette-Grill und lasse den Käse schmelzen. Dies dauert normalerweise 5 bis 7 Minuten, je nachdem, wie heiß dein Grill ist.

9. Sobald der Käse geschmolzen und leicht gebräunt ist, streue etwas frischen Schnittlauch über jedes Pfännchen. Guten Appetit.

Mozzarella-Tomaten-Pfännchen

Zubereitungszeit: 10 Minuten
Portionen: 4

Zutaten:

- 200 g Mozzarella, in kleine Würfel geschnitten
- 4 mittelgroße Tomaten, gewürfelt
- Ein paar frische Basilikumblätter, grob gezupft
- 1 kleine rote Zwiebel, fein gewürfelt
- 2 EL natives Olivenöl extra
- Salz und frisch gemahlener weißer Pfeffer
- 1 TL getrockneter Oregano
- 4 EL Balsamico-Creme
- 100 g Rucola, grob gehackt

Zubereitung:

1. Beginne damit, dass du die Mozzarellawürfel gleichmäßig auf die Raclette-Pfännchen verteilst. Gib dann zu jedem Pfännchen eine Handvoll Tomatenwürfel hinzu. Jetzt streust du die roten Zwiebelwürfel darüber und gibst bei jedem Pfännchen etwas von den Basilikumblättern dazu.

2. Träufle über jede der Kreationen ein wenig Olivenöl und würze sie mit einer Prise Salz und frisch gemahlenem Pfeffer. Bestreue alles mit einer leichten Prise Oregano.

3. Nun setze die Pfännchen in dein Raclette-Gerät und lass sie dort so lange, bis der Mozzarella geschmolzen ist. Das sollte in etwa 5 bis 7 Minuten dauern, je nach Hitze deines Raclette-Grills.

4. In der Zwischenzeit mische den gehackten Rucola mit der Balsamico-Creme und verteile diese Mischung auf den geschmolzenen Inhalt der Pfännchen.

5. Lass das Ganze noch etwa eine Minute im Raclette-Grill. Guten Appetit.

Emmentaler mit Birnenscheiben

Zubereitungszeit: 15 Minuten
Portionen: 4

Zutaten:

- 200 g Emmentaler, in kleine Würfel geschnitten
- 2 reife Birnen, entkernt und in dünne Scheiben geschnitten
- 4 TL Honig
- 50 g Walnusskerne, grob gehackt
- 1 TL Thymianblätter, frisch
- Pfeffer, frisch gemahlen

Zubereitung:

1. Beginne damit, die Birnenscheiben gleichmäßig auf die Raclette-Pfännchen zu verteilen. Leg darauf die Emmentaler Würfel, sodass sie die Birnen leicht bedecken. Jetzt gibst du auf jedes Pfännchen eine Prise frischen Thymian und etwas frisch gemahlenen Pfeffer. Über die Käse-Birnen-Mischung träufelst du jeweils einen Teelöffel Honig und streust die grob gehackten Walnüsse darüber.

2. Nun stellst du die Pfännchen unter den heißen Raclette-Grill und lässt sie dort, bis der Käse schmilzt und die Birnen ein wenig weich werden. Das dauert in der Regel nicht länger als 4-5 Minuten, je nachdem, wie heiß dein Raclette Grill ist.

3. Sobald der Käse die richtige Konsistenz erreicht hat, nimm die Pfännchen vorsichtig heraus. Guten Appetit.

Ziegenkäse-Honig-Walnuss-Gratin

Zubereitungszeit: ca. 10 Minuten
Portionen: 4

Zutaten:

- 200 g Ziegenfrischkäse, in Scheiben geschnitten
- 4 EL Honig
- 60 g Walnüsse, grob gehackt
- 2 reife Birnen, entkernt und in dünne Spalten geschnitten
- 1 Prise weißer Pfeffer, frisch gemahlen
- 4 Zweige frischer Thymian, Blätter abgezupft
- 4 TL Balsamico-Creme

Zubereitung:

1. Verteile die Ziegenkäse-Scheiben gleichmäßig auf die Raclette-Pfännchen.

2. Lege darauf die Birnenspalten und bestreue das Ganze mit den gehackten Walnüssen.

3. Jetzt träufelst du auf jedes Pfännchen je einen EL Honig und gibst einen Teelöffel Balsamico-Creme dazu.

4. Würze jedes Pfännchen mit einer Prise frisch gemahlenem Pfeffer und streue die Thymianblätter darüber.

5. Setze die Pfännchen unter den Grill deines Raclette-Geräts, bis der Käse schmilzt und die Oberfläche goldbraun ist – das dauert etwa 4-5 Minuten, abhängig von deinem Gerät.

6. Serviere die Pfännchen direkt nach dem Überbacken. Sie sind perfekt, wenn der Käse noch zart schmilzt und die Birnen ein wenig warm sind. Guten Appetit.

Camembert und Cranberry-Pfännchen

Zubereitungszeit: 15 Minuten
Portionen: 4

Zutaten:

- 200 g Camembert, in kleine Würfel geschnitten
- 100 g getrocknete Cranberries
- 4 EL Walnüsse, grob gehackt
- 2 Birnen, entkernt und in dünne Spalten geschnitten
- 4 TL Honig
- 2 TL frischer Thymian, gezupft
- Frisch gemahlener weißer Pfeffer

Zubereitung:

1. Nimm dir Raclette-Pfännchen zur Hand und verteile die Camembert-Würfel gleichmäßig auf dem Boden der Pfännchen.

2. Streue nun die getrockneten Cranberries und die gehackten Walnüsse über den Käse.

3. Leg die Birnenspalten kreisförmig über die Cranberry-Walnuss-Mischung in die Pfännchen, sodass sie leicht überlappen.

4. Gib auf jedes Pfännchen einen Teelöffel Honig und bestreue alles mit dem frischen Thymian und Pfeffer.

5. Schiebe die Pfännchen unter das Raclette-Grillgerät und lasse den Camembert schmelzen. Dies dauert in der Regel 4-5 Minuten, je nachdem wie heiß dein Raclette-Grill ist.

6. Sobald der Käse geschmolzen und die Birnen warm sind, nimm die Pfännchen heraus und serviere sie direkt. Guten Appetit.

Feta-Oliven-Tapas-Pfännchen

Zubereitungszeit: 20 Minuten
Portionen: 4

Zutaten:

- 200 g Feta, gewürfelt
- 100 g schwarze Oliven, entsteint und halbiert
- 2 mittelgroße Tomaten, gewürfelt
- 1 rote Paprika, in Streifen geschnitten
- 1 kleine rote Zwiebel, in feine Ringe geschnitten
- 4 EL natives Olivenöl extra
- 1 TL getrockneter Oregano
- 1 TL Paprikapulver, edelsüß
- Frischer Thymian, Blättchen abgezupft
- Weißer Pfeffer aus der Mühle
- Frisches Basilikum

Zubereitung:

1. Zuerst nimmst du Raclette-Pfännchen und verteilst die gewürfelten Feta-Stücke gleichmäßig darin.

2. Gib nun zu jedem Pfännchen eine Handvoll der halbierten schwarzen Oliven und die gewürfelten Tomaten hinzu.

3. Die rote Paprika, in Streifen geschnitten, und die feinen Ringe der roten Zwiebel kommen jetzt dazu. Verteile sie über die Käse-Oliven-Mischung.

4. Jetzt beträufelst du jede der bunten Kreationen mit einem EL Olivenöl.

5. Bestreue jedes Pfännchen mit Oregano, Paprikapulver, frischen Thymianblättchen und ein wenig frisch gemahlenem Pfeffer.

6. Schiebe die Pfännchen nun unter den Raclette-Grill und lasse sie dort, bis der Feta leicht goldbraun ist – das dauert in etwa 6-8 Minuten.

7. Zum Schluss garnierst du jedes Pfännchen mit frischen Basilikumblättern. Guten Appetit.

Herzhafte Raclette-Brie-Ecken mit Feigen

Zubereitungszeit: 15 Minuten
Portionen: 4

Zutaten:

- 200 g Brie, in Scheiben geschnitten
- 8 frische Feigen, geviertelt
- 2 EL natives Olivenöl extra
- 1 TL Thymian, frisch, gehackt
- 1 TL Rosmarin, frisch, gehackt
- 1 Baguette, in Scheiben geschnitten
- Salz und Pfeffer nach Geschmack
- 4 TL Honig
- 100 g Walnusskerne, grob gehackt

Zubereitung:

1. Heize deinen Raclette-Grill vor. Bestreiche die Baguettescheiben mit etwas Olivenöl und bestreue sie mit einer Prise Salz und Pfeffer.

2. Lege eine Scheibe Brie auf jede Baguettescheibe und gib zwei Feigenviertel dazu. Streue etwas Thymian und Rosmarin über den Brie und die Feigen.

3. Setze die belegten Baguettescheiben in die Raclette-Pfännchen. Träufle jeweils einen Teelöffel Honig über den Brie und die Feigen.

4. Streue die gehackten Walnüsse über die vorbereiteten Pfännchen, bevor du sie unter den Raclette-Grill schiebst.

5. Lass alles unter dem Grill etwa 4-6 Minuten schmelzen und goldbraun werden, achte darauf, dass der Käse nicht verbrennt.

6. Sobald der Brie geschmolzen und das Baguette knusprig ist, nimm die Pfännchen heraus und serviere sie. Guten Appetit.

Würziger Gouda mit Kräuterkartoffeln

Zubereitungszeit: 20 Minuten
Portionen: 4

Zutaten:

- 200 g Gouda, in kleine Würfel geschnitten
- 500 g kleine Kartoffeln, gewaschen und halbiert
- 2 EL natives Olivenöl extra
- 1 TL getrockneter Thymian
- 1 TL getrockneter Rosmarin
- 1/2 TL Paprikapulver, edelsüß
- Salz und frisch gemahlener Pfeffer nach Geschmack
- 4 Frühlingszwiebeln, in feine Ringe geschnitten
- 100 ml saure Sahne

Zubereitung:

1. Heize deinen Raclette Grill vor. In einer Schüssel vermischst du die halbierten Kartoffeln mit Olivenöl, Thymian, Rosmarin, Paprikapulver, Salz und Pfeffer, bis alles gut bedeckt ist.

2. Verteile die gewürzten Kartoffeln auf die Raclette-Pfännchen und lass sie für etwa 10 Minuten unter dem Grill garen, bis sie weich und leicht gebräunt sind.

3. Gib nach dieser Zeit einige Gouda-Würfel über die Kartoffeln und grilliere sie weitere 5 Minuten, bis der Käse geschmolzen und leicht knusprig ist.

4. Währenddessen rührst du die saure Sahne in einer kleinen Schale glatt und würzt sie mit einer Prise Salz und Pfeffer.

5. Nimm die Pfännchen vorsichtig vom Grill, bestreue sie mit den Frühlingszwiebelringen und gib einen Klecks der gewürzten sauren Sahne darüber.

6. Serviere die Pfännchen. Guten Appetit.

Provolone mit Chorizo-Scheiben

Zubereitungszeit: 15 Minuten
Portionen: 4

Zutaten:

- 200 g Provolone Käse, in 0,5 cm dicke Scheiben geschnitten
- 100 g Chorizo, in dünne Scheiben geschnitten
- 1 mittelgroße rote Paprika, in kleine Würfel geschnitten
- 1 mittelgroße Zwiebel, fein gehackt
- 4 EL natives Olivenöl extra
- 2 TL Paprikapulver, edelsüß
- 1 TL getrockneter Oregano
- 1 TL weißer Pfeffer, frisch gemahlen
- Frisches Basilikum, grob gehackt
- 4 kleine Ciabatta-Brötchen, in Scheiben geschnitten

Zubereitung:

1. Heize deinen Raclette Grill vor.

2. Verteile die Zwiebelwürfel auf Raclette-Pfännchen und träufle je 1 EL Olivenöl darüber.

3. Leg auf jedes Pfännchen einige Scheiben Chorizo.

4. Bestreue die Chorizo mit Paprikapulver, Oregano und Pfeffer.

5. Leg nun jeweils zwei Scheiben Provolone Käse auf die Chorizo.

6. Verteile die Paprikawürfel auf dem Käse.

7. Stelle die Pfännchen unter den Raclette-Grill und lasse alles für etwa 5-7 Minuten schmelzen und leicht bräunen.

8. Währenddessen röste die Ciabatta-Scheiben auf der oberen Grillfläche des Raclette Grills leicht an.

9. Sobald der Käse geschmolzen und die Chorizo heiß ist, nimm die Pfännchen vom Grill und garniere mit dem frisch gehackten Basilikum.

10. Serviere die heißen Pfännchen zusammen mit den gerösteten Ciabatta-Scheiben. Guten Appetit.

Pfeffer-Raclette mit Radieschen

Zubereitungszeit: 30 Minuten
Portionen: 4

Zutaten:

- 800 g Raclettekäse, in Scheiben geschnitten
- 2 Bund Radieschen, in dünne Scheiben geschnitten
- 1 TL weißer Pfeffer, grob gemahlen
- 4 mittelgroße Kartoffeln, vorgekocht und in Scheiben geschnitten
- 1 Bund Frühlingszwiebeln, in Ringe geschnitten
- 8 EL eingelegte grüne Pfefferkörner
- 1 EL natives Olivenöl extra
- 4 TL Honig
- Frische Kräuter (z.B. Thymian und Oregano), gehackt
- Salz nach Geschmack

Zubereitung:

1. Heize deinen Raclette Grill vor. Verteile währenddessen die Kartoffelscheiben auf die Raclette-Pfännchen als unterste Schicht.

2. Streue nun etwas Salz und den grob gemahlenen Pfeffer über die Kartoffeln.

3. Lege eine Schicht Radieschenscheiben auf die gewürzten Kartoffeln.

4. Gib nun auf jedes Pfännchen ein paar eingelegte grüne Pfefferkörner und verteile sie gleichmäßig.

5. Bedecke die Zutaten mit den Raclettekäsescheiben.

6. Träufle einen TL Honig über den Käse und gib eine Prise der frisch gehackten Kräuter darüber.

7. Stelle die Pfännchen unter den Raclette-Grill und lasse den Käse schmelzen, bis er leicht bräunt und blubbert.

8. In der Zwischenzeit beträufle die Frühlingszwiebelringe mit Olivenöl und brate sie auf der Grillplatte des Raclette-Grills an, bis sie leicht gebräunt sind.

9. Sobald der Käse geschmolzen ist, gib die angebratenen Frühlingszwiebeln über die Raclettepfännchen. Guten Appetit.

Parmesan-Zucchini-Röllchen

Zubereitungszeit: 15 Minuten
Portionen: 4

Zutaten:

- 2 mittelgroße Zucchini, in längliche Scheiben geschnitten
- 100 g Parmesan, frisch gerieben
- 8 kleine Kirschtomaten, halbiert
- 1 EL natives Olivenöl extra
- 1 TL italienische Kräuter, getrocknet
- Salz und frisch gemahlener schwarzer Pfeffer
- 8 TL Frischkäse
- 1 TL Paprikapulver, edelsüß

Zubereitung:

1. Heize zuerst deinen Raclette Grill vor. Währenddessen schneidest du die Zucchini der Länge nach in dünne Scheiben, sodass sie biegsam genug sind, um sie später rollen zu können.

2. Vermische in einer Schüssel Olivenöl, italienische Kräuter, Salz und Pfeffer. Bestreiche die Zucchinischeiben auf einer Seite mit dieser Mischung.

3. Lege jeweils eine Scheibe Zucchini flach auf dein Arbeitsbrett und verteile auf dem breiteren Ende einen TL Frischkäse. Bestreue den Frischkäse mit etwas Paprikapulver und lege zwei Halbmonde von Kirschtomaten darauf.

4. Streue jetzt reichlich Parmesan darüber.

5. Rolle die Zucchinischeiben vorsichtig auf, sodass die Füllung in der Mitte bleibt und der Parmesan außen klebt.

6. Lege die Röllchen nebeneinander in die Raclette-Pfännchen.

7. Setze die Pfännchen unter den Raclette Grill und lasse die Röllchen so lange grillen, bis der Parmesan geschmolzen und leicht goldbraun ist. Dies dauert ungefähr 4-6 Minuten, je nach Grill.

8. Serviere die heißen Röllchen direkt aus den Pfännchen. Guten Appetit.

Manchego mit Quittenpaste

Zubereitungszeit: 15 Minuten
Portionen: 4

Zutaten:

- 200 g Manchego-Käse, in dünne Scheiben geschnitten
- 4 EL Quittenpaste, in dünne Streifen geschnitten
- 1 mittelgroße Birne, in dünne Scheiben geschnitten
- 50 g Walnusskerne, grob gehackt
- 4 TL Honig
- 1 TL frischer Thymian, fein gehackt
- Frisch gemahlener weißer Pfeffer
- 1 Baguette, in Scheiben geschnitten

Zubereitung:

1. Verteile die Scheiben des Manchego-Käses gleichmäßig auf die Pfännchen.

2. Gib auf jedes Pfännchen ein paar Scheiben der Quittenpaste.

3. Lege zwei oder drei dünne Scheiben der Birne dazu.

4. Bestreue das Ganze mit den gehackten Walnüssen und einem Teelöffel Honig pro Pfännchen.

5. Streue etwas frischen Thymian und frisch gemahlenen Pfeffer darüber.

6. Lass die Pfännchen so lange unter dem Raclette Grill, bis der Käse weich ist und die Quittenpaste leicht zu zerlaufen beginnt.

7. Währenddessen kannst du die Baguettescheiben auf den Grill legen, bis sie knusprig sind.

8. Sobald alles fertig ist, schiebe den Inhalt der Pfännchen auf die Baguettescheiben. Guten Appetit.

Blauschimmelkäse mit Apfelstückchen

Zubereitungszeit: ca. 15 Minuten
Portionen: 4

Zutaten:

- 200 g Blauschimmelkäse, in kleine Würfel geschnitten
- 2 mittelgroße Äpfel, entkernt und in kleine Würfel geschnitten
- 4 TL Walnüsse, grob gehackt
- 4 TL Honig
- Frischer Thymian, die Blättchen abgezupft
- Frisch gemahlener weißer Pfeffer

Zubereitung:

1. Verteile die Apfelwürfel gleichmäßig auf die Raclette-Pfännchen.

2. Streue nun die Blauschimmelkäsewürfel über die Apfelstückchen.

3. Bestreue die Käse-Apfel-Mischung mit den gehackten Walnüssen und frischen Thymianblättchen nach Geschmack.

4. Träufle jeweils einen Teelöffel Honig über den Inhalt jedes Pfännchens.

5. Gib eine Prise frisch gemahlenen Pfeffer über jede Portion.

6. Stelle die Pfännchen unter den heißen Raclette-Grill und lass den Käse schmelzen und die Oberfläche leicht bräunen, was ungefähr 5-7 Minuten dauern sollte.

7. Sobald der Käse geschmolzen und leicht gebräunt ist, nimm die Pfännchen vorsichtig vom Grill. Guten Appetit.

Fleisch

Mini-Schnitzel mit Zwiebelconfit

Zubereitungszeit: 25 Minuten
Portionen: 4

Zutaten:

- 400 g Schweinelende, in 16 dünne Scheiben geschnitten
- Salz und Pfeffer zum Würzen
- 2 EL natives Olivenöl extra
- 4 große Zwiebeln, in dünne Ringe geschnitten
- 2 EL Balsamico-Essig
- 1 EL brauner Zucker
- 1 TL frischer Thymian, gehackt
- 100 ml Gemüsebrühe
- 4 Scheiben Raclettekäse, halbiert

Zubereitung:

1. Würze die Schnitzelscheiben mit Salz und Pfeffer.

2. Erhitze ein Pfännchen auf dem Raclette Grill, gib ein wenig Olivenöl hinein und lege zwei bis drei Schnitzelscheiben hinein. Brate sie von beiden Seiten jeweils 2-3 Minuten an, bis sie goldbraun sind. Wiederhole diesen Schritt, bis alle Schnitzel gebraten sind.

3. In einem anderen Pfännchen auf dem Grill karamellisiere die Zwiebelringe mit Balsamico-Essig und braunem Zucker. Gib dann die Gemüsebrühe und den Thymian hinzu und lasse das Ganze köcheln, bis die Flüssigkeit fast vollständig reduziert ist und die Zwiebeln weich sind.

4. Lege nun auf jedes gebratene Schnitzel ein Stück Raclettekäse und lass ihn schmelzen.

5. Sobald der Käse geschmolzen ist, toppe jedes Schnitzel mit einem Löffel des Zwiebelconfits.

6. Serviere die Mini-Schnitzel direkt aus den Pfännchen. Guten Appetit.

Hähnchenbrust mit Pesto-Marinade

Zubereitungszeit: 20 Minuten
Portionen: 4

Zutaten:

- 4 Hähnchenbrustfilets, in Streifen geschnitten
- 2 EL grünes Pesto
- 1 EL natives Olivenöl extra
- 1 rote Paprika, entkernt und in Streifen geschnitten
- 1 Zucchini, in dünne Scheiben geschnitten
- 1 gelbe Paprika, entkernt und in Streifen geschnitten
- 100 g frische Champignons, in Scheiben geschnitten
- 100 g Cherrytomaten, halbiert
- Salz und Pfeffer nach Geschmack
- 100 g Feta, gewürfelt
- Frische Basilikumblätter

Zubereitung:

1. Vermische das grüne Pesto mit dem Olivenöl in einer Schüssel. Würze die Hähnchenbruststreifen mit Salz und Pfeffer und mische sie dann unter die Pesto-Marinade.

2. Heize den Raclette Grill vor und öle die Pfännchen leicht ein.

3. Verteile die marinierten Hähnchenbruststreifen gleichmäßig auf die Pfännchen und füge zu jedem Pfännchen einige Streifen rote und gelbe Paprika sowie Zucchinischeiben hinzu.

4. Lege in weitere Pfännchen die Champignonscheiben und Cherrytomatenhälften und bestreue sie mit Feta-Würfeln.

5. Setze die Pfännchen unter den Raclette-Grill und grille alles für etwa 10 Minuten, bis das Hähnchen durchgegart und das Gemüse weich ist.

6. Garniere alles mit frischen Basilikumblättern. Guten Appetit.

Scharfe Chorizo-Plätzchen

Zubereitungszeit: ca. 15 Minuten
Portionen: 4

Zutaten:

- 200 g Chorizo, in dünne Scheiben geschnitten
- 2 mittelgroße Kartoffeln, in sehr dünne Scheiben gehobelt
- 100 g Manchego-Käse, fein gerieben
- 1 rote Paprika, in kleine Würfel geschnitten
- 1 kleine rote Zwiebel, in feine Würfel geschnitten
- 2 EL natives Olivenöl extra
- 1/2 TL Paprikapulver, scharf
- 1/2 TL getrockneter Oregano
- Salz und Pfeffer nach Geschmack
- Frische Petersilie, gehackt

Zubereitung:

1. Heize deinen Raclette-Grill vor.

2. Verteile die Kartoffelscheiben gleichmäßig auf die Pfännchen, sodass der Boden bedeckt ist.

3. Beträufle die Kartoffeln mit etwas Olivenöl und würze sie mit Salz, Pfeffer sowie einer Prise scharfem Paprika.

4. Leg jeweils einige Scheiben Chorizo auf die Kartoffeln.

5. Streue nun die roten Paprikawürfel und die Zwiebelwürfel über die Chorizo.

6. Bestreue das Ganze mit dem geriebenen Manchego-Käse und streue etwas Oregano darüber.

7. Lasse die Pfännchen unter dem Raclette-Grill so lange garen, bis die Chorizo leicht knusprig und der Käse geschmolzen ist.

8. Nimm die Pfännchen vorsichtig vom Grill und garniere alles mit frischer Petersilie. Guten Appetit.

Schweinefilet mit Rosmarinkruste

Zubereitungszeit: 20 Minuten
Portionen: 4

Zutaten:

- 400 g Schweinefilet, in 8 Medaillons geschnitten
- 4 EL natives Olivenöl extra
- 8 Zweige frischer Rosmarin, Nadeln abgezupft und fein gehackt
- 4 EL Semmelbrösel
- 100 g Parmesan, frisch gerieben
- 1 TL grobes Meersalz
- 1 TL frisch gemahlener schwarzer Pfeffer
- 2 rote Zwiebeln, in feine Ringe geschnitten
- 100 g Kirschtomaten, halbiert
- 2 EL Balsamico-Essig
- Aluminiumfolie für die Pfännchen

Zubereitung:

1. Schweinefiletmedaillons mit 2 EL Olivenöl einpinseln und mit Salz und Pfeffer würzen.

2. In einer kleinen Schüssel Semmelbrösel, gehackten Rosmarin und Parmesan mischen.

3. Diese Mischung auf die Oberseite der Medaillons drücken, sodass eine Kruste entsteht.

4. Zwiebelringe mit den Kirschtomaten, Balsamico-Essig und dem restlichen Olivenöl vermengen.

5. Raclette-Pfännchen mit Aluminiumfolie auslegen und die vorbereiteten Medaillons hineinlegen.

6. Die Zwiebel-Tomaten-Mischung neben das Fleisch in die Pfännchen verteilen.

7. Alles unter dem Raclette-Grill so lange garen, bis die Kruste goldbraun und das Schweinefilet nach Wunsch gebraten ist. Guten Appetit.

Rinderfiletstreifen in Rotweinsauce

Zubereitungszeit: 25 Minuten
Portionen: 4

Zutaten:

- 600 g Rinderfilet, in Streifen geschnitten
- 2 EL natives Olivenöl extra
- 1 TL Salz
- 1 TL schwarzer Pfeffer, frisch gemahlen
- 200 ml Rotwein, trocken
- 1 Zwiebel, fein gewürfelt
- 2 Knoblauchzehen, fein gehackt
- 200 g frische Champignons, in Scheiben geschnitten
- 2 EL dunkle Sojasauce
- 1 EL Honig
- 1 TL getrockneter Thymian
- 100 ml Rinderbrühe
- 2 EL Butter
- 1 EL Mehl
- 100 g Blauschimmelkäse, zerbröckelt
- Frische Petersilie, gehackt

Zubereitung:

1. Heize deinen Raclette Grill vor. Würze die Rinderfiletstreifen mit Salz und Pfeffer und beträufle sie mit 1 EL Olivenöl.

2. Mische in einer Schüssel Rotwein, Sojasauce, Honig und Thymian.

3. Verteile die Rinderfiletstreifen und Champignons auf die Raclette-Pfännchen. Gib die Zwiebel und den Knoblauch dazu.

4. Gieße die Rotweinmischung über die Zutaten.

5. Stelle die Pfännchen unter den Grill und lasse alles für etwa 6-8 Minuten garen, bis das Fleisch deinen gewünschten Gargrad erreicht hat.

6. Währenddessen verrühre die Butter und das Mehl in einem kleinen Topf und koche es für ein paar Minuten. Füge dann langsam die Rinderbrühe hinzu und koche es auf, bis eine sämige Sauce entsteht.

7. Wenn das Fleisch und die Pilze gar sind, gib die Sauce über die Rinderfiletstreifen.

8. Bestreue die Pfännchen mit Blauschimmelkäse und lass diesen kurz unter dem Grill schmelzen.

9. Garniere alles mit frischer Petersilie. Guten Appetit.

Lammkoteletts mit Thymianbutter

Zubereitungszeit: 30 Minuten
Portionen: 4

Zutaten:

- 8 Lammkoteletts, pariert
- 150 g weiche Butter
- 4 Zweige frischer Thymian, Blätter abgezupft und fein gehackt
- 2 Knoblauchzehen, fein gewürfelt
- Salz und Weißer Pfeffer
- 100 ml natives Olivenöl extra
- 2 rote Paprika, in kleine Würfel geschnitten
- 1 große Zwiebel, in feine Streifen geschnitten
- 200 g Kirschtomaten, halbiert
- 100 g Feta, zerbröckelt

Zubereitung:

1. Zuerst vermengst du die Butter mit den Thymianblättern und dem Knoblauch in einer kleinen Schüssel. Mit Salz und Pfeffer würzt du die Thymianbutter nach deinem Geschmack. Diese stellst du beiseite.

2. Die Lammkoteletts salzt und pfefferst du und beträufelst sie dann mit etwas Olivenöl. Jedes Kotelett legst du in ein eigenes Pfännchen.

3. Die Paprikawürfel, Zwiebelstreifen und Kirschtomaten verteilst du auf weitere Pfännchen, gibst einen Schuss Olivenöl darüber und würzt sie mit Salz und Pfeffer.

4. Unter dem Raclette Grill erhitzt du zuerst die Gemüsepfännchen, bis das Gemüse weich und leicht gebräunt ist, was etwa 10-15 Minuten dauern sollte.

5. Danach gibst du die Pfännchen mit den Lammkoteletts auf den Grill und lässt sie je nach gewünschtem Gargrad garen. Für ein medium gegartes Kotelett benötigst du etwa 6-8 Minuten pro Seite.

6. Kurz bevor die Lammkoteletts fertig sind, verteilst du etwas von der Thymianbutter auf jedes Kotelett und lässt sie in der Resthitze schmelzen.

7. Zum Schluss bestreust du das gegrillte Gemüse mit zerbröckeltem Feta und richtest es zusammen mit den Lammkoteletts an. Guten Appetit.

Putenbruststreifen in Currycreme

Zubereitungszeit: 30 Minuten
Portionen: 4

Zutaten:

- 500 g Putenbrust, in Streifen geschnitten
- 2 EL Currypulver
- 200 ml Kokosmilch, ungesüßt
- 100 ml Gemüsebrühe
- 1 rote Paprika, in Würfel geschnitten
- 1 Zucchini, in Scheiben geschnitten
- 2 EL Sojasauce
- 1 EL Honig
- 2 EL natives Olivenöl extra
- Salz und Pfeffer zum Abschmecken
- Frische Petersilie, gehackt
- 1 kleine rote Zwiebel, fein gewürfelt

Zubereitung:

1. Vermenge in einer Schüssel die Putenbruststreifen mit einem EL Currypulver, Salz und Pfeffer. Stelle dies beiseite.

2. In einer anderen Schüssel verrührst du Kokosmilch, Gemüsebrühe, Sojasauce, Honig und den restlichen EL Currypulver zu einer glatten Currycreme.

3. Heize deinen Raclette Grill vor.

4. Verteile die Putenbruststreifen auf die Raclette-Pfännchen.

5. Gib zu jedem Pfännchen ein paar Zucchini-Scheiben und Paprikawürfel hinzu.

6. Träufle ein wenig Olivenöl über das Gemüse und die Putenstreifen.

7. Gieße nun vorsichtig die Currycreme darüber, bis alles leicht bedeckt ist.

8. Lasse die Pfännchen unter dem Raclette Grill so lange garen, bis die Putenbruststreifen durchgebraten sind und das Gemüse weich ist. Dies sollte etwa 15 Minuten dauern.

9. Vor dem Servieren bestreust du alles mit frischer Petersilie und gibst ein paar Zwiebelwürfel darüber. Guten Appetit.

Hackbällchen Toskana-Art

Zubereitungszeit: 30 Minuten
Portionen: 4

Zutaten:

- 500 g gemischtes Hackfleisch
- 2 EL getrocknete italienische Kräuter
- 50 g Parmesan, fein gerieben
- 2 EL Semmelbrösel
- 1 Bio-Ei, verquirlt
- Salz und frisch gemahlener Pfeffer
- 100 g Mini-Mozzarellakugeln
- 200 g Kirschtomaten, halbiert
- 1 Zucchini, in dünne Scheiben geschnitten
- 100 g schwarze Oliven, entsteint und halbiert
- 4 EL natives Olivenöl extra
- Frischer Basilikum, grob gehackt

Zubereitung:

1. Vermische das Hackfleisch mit den italienischen Kräutern, Parmesan, Semmelbröseln und dem verquirlten Ei in einer Schüssel. Würze die Masse mit Salz und Pfeffer.

2. Forme aus der Hackfleischmischung kleine Bällchen, etwa so groß wie Walnüsse.

3. Setze in jedes Raclette-Pfännchen zwei Hackbällchen.

4. Gib in jedes Pfännchen einige Mozzarellakugeln, Kirschtomatenhälften, Zucchinischeiben und Oliven.

5. Beträufle die Zutaten jeweils mit einem EL Olivenöl und würze nach Bedarf mit Salz und Pfeffer.

6. Lasse die Pfännchen unter dem Raclette-Grill für etwa 10-15 Minuten garen, bis die Hackbällchen durchgebraten und der Mozzarella geschmolzen ist.

7. Nimm die Pfännchen vorsichtig heraus und bestreue die Hackbällchen mit Basilikum. Guten Appetit.

Kalbsleberwürfel mit Salbei

Zubereitungszeit: 20 Minuten
Portionen: 4

Zutaten:

- 400 g Kalbsleber, in Würfel geschnitten
- 4 EL natives Olivenöl extra
- 1 Bund frischer Salbei, Blätter abgezupft
- 2 rote Zwiebeln, in dünne Ringe geschnitten
- 2 Äpfel, entkernt und in dünne Spalten geschnitten
- 4 EL Balsamico-Essig
- Salz und frisch gemahlener weißer Pfeffer
- 100 g geriebener Hartkäse (z.B. Gruyère)

Zubereitung:

1. Kalbsleberwürfel mit Salz und Pfeffer würzen und mit 2 EL Olivenöl in einer Schüssel vermischen. Zwiebelringe, Apfelspalten und Salbeiblätter separat in je einer kleinen Schüssel mit dem restlichen Olivenöl vermengen und auch leicht salzen.

2. Raclette-Pfännchen vorbereiten, indem du jeweils einige Würfel der marinierten Kalbsleber hineingibst. Zu den Leberwürfeln fügst du nun einige Zwiebelringe, Apfelspalten und zwei bis drei Salbeiblätter hinzu.

3. Die Pfännchen unter den Raclette-Grill schieben und warten, bis die Kalbsleberwürfel gut gebräunt sind. Dies dauert je nach Grill etwa 6-8 Minuten.

4. Kurz bevor die Kalbsleber fertig ist, ein wenig Balsamico-Essig über jedes Pfännchen träufeln und den geriebenen Käse darüberstreuen.

5. Die Pfännchen nochmals unter den Grill schieben, bis der Käse geschmolzen und leicht goldbraun ist. Guten Appetit.

Datteln im Speckmantel

Zubereitungszeit: 15 Minuten
Portionen: 4

Zutaten:

- 16 Datteln, entsteint
- 8 Scheiben Frühstücksspeck, halbiert
- 100 g Ziegenkäse, in kleine Stücke geschnitten
- 2 EL natives Olivenöl extra
- 2 EL Balsamico-Creme
- 4 TL Honig
- 1 TL Thymian, frisch und gehackt
- Pfeffer, frisch gemahlen

Zubereitung:

1. Lege eine Dattel auf ein Ende der halbierten Speckscheibe, füge ein Stück Ziegenkäse hinzu und würze es mit etwas Pfeffer. Wickel den Speck fest um die Dattel und den Käse.

2. Wiederhole diesen Vorgang, bis alle Datteln umwickelt sind.

3. Mische in einer kleinen Schüssel das Olivenöl mit der Balsamico-Creme, dem Honig und dem Thymian, um eine Marinade zu erhalten.

4. Bestreiche die Speck-Datteln rundherum mit der Marinade und lege sie in die Raclette-Pfännchen.

5. Stelle die Pfännchen unter den Raclette-Grill und lasse die Speck-Datteln für etwa 5-6 Minuten garen, bis der Speck knusprig und der Käse geschmolzen ist.

6. Nimm die Pfännchen vorsichtig vom Grill und serviere es. Guten Appetit.

Raclette Pfännchen mit Salsiccia

Zubereitungszeit: 30 Minuten
Portionen: 4

Zutaten:

- 400 g Salsiccia, in Scheiben geschnitten
- 1 rote Paprika, in Würfel geschnitten
- 1 Zucchini, in dünne Scheiben geschnitten
- 200 g kleine frische Champignons, halbiert
- 2 rote Zwiebeln, in Spalten geschnitten
- 8 EL natives Olivenöl extra
- Salz und Pfeffer nach Geschmack
- 1 Bund Petersilie, fein gehackt
- 200 g Raclettekäse, in Scheiben geschnitten

Zubereitung:

1. Heize deinen Raclette-Grill vor.

2. Verteile die Salsiccia-Scheiben, Paprikawürfel, Zucchinischeiben, Champignonhälften und Zwiebelspalten auf die Pfännchen.

3. Träufle auf jedes Pfännchen etwa 1 EL Olivenöl und würze die Zutaten mit Salz und Pfeffer.

4. Lass das Gemüse und die Salsiccia unter dem Raclette-Grill garen, bis das Gemüse weich und die Wurst gebräunt ist.

5. Wenn alles fast fertig ist, lege eine Scheibe Raclettekäse auf jede Portion und lass den Käse schmelzen.

6. Bestreue alles mit frisch gehackter Petersilie.

7. Serviere die Pfännchen direkt aus dem Grill. Guten Appetit.

Beef Jerky und Gouda-Würfel

Zubereitungszeit: 15 Minuten
Portionen: 4

Zutaten:

- 200 g Beef Jerky, in dünne Streifen geschnitten
- 200 g Gouda, in kleine Würfel geschnitten
- 2 rote Paprika, entkernt und in Streifen geschnitten
- 2 kleine Zucchini, in Scheiben geschnitten
- 100 g frische Champignons, in Scheiben geschnitten
- 4 EL natives Olivenöl extra
- Salz und Pfeffer nach Geschmack
- 1 TL Paprikapulver, edelsüß
- Frische Kräuter (Petersilie, Thymian), gehackt
- 4 EL Balsamico-Creme

Zubereitung:

1. Streue etwas Salz, Pfeffer und Paprikapulver über die Beef Jerky Streifen und die Gemüsestreifen der Paprika und Zucchini sowie die Champignonscheiben.

2. Verteile die gewürzten Jerky Streifen, Gouda-Würfel, Paprika, Zucchini und Champignons auf die Raclette-Pfännchen.

3. Träufle jeweils 1 EL Olivenöl über den Inhalt jedes Pfännchens.

4. Lasse die Pfännchen im Raclette Grill für etwa 4-6 Minuten garen, bis der Käse schmilzt und das Gemüse leicht gebräunt ist.

5. Garniere das fertige Raclette mit frischen Kräutern und träufle zum Schluss die Balsamico-Creme darüber. Guten Appetit.

Hirschmedaillons mit Preiselbeersauce

Zubereitungszeit: 30 Minuten
Portionen: 4

Zutaten:

- 4 Hirschmedaillons (à ca. 150 g, leicht geklopft)
- Salz und Pfeffer
- 2 EL natives Olivenöl extra
- 100 g Preiselbeeren, frisch
- 2 Schalotten, fein gewürfelt
- 200 ml Rotwein
- 1 TL Speisestärke
- 2 EL kaltes Wasser
- 4 Zweige frischer Thymian
- 1 TL Honig
- 150 g Bergkäse, in dünne Scheiben geschnitten
- 1 Baguette, in Scheiben geschnitten

Zubereitung:

1. Salze und pfeffere die Hirschmedaillons. Gib in jedes Pfännchen etwas Olivenöl und lege ein Medaillon hinein.

2. Stelle die Pfännchen unter den Raclette Grill und lasse die Medaillons je nach Dicke und gewünschter Garstufe etwa 6-8 Minuten garen. Drehe sie einmal um, damit sie gleichmäßig bräunen.

3. In der Zwischenzeit verteile die Schalottenwürfel und die Preiselbeeren auf weitere Pfännchen. Beträufle sie mit etwas Rotwein und lege je einen Zweig Thymian dazu. Lasse die Mischung unter dem Grill für ca. 10 Minuten schmoren.

4. Nimm dann die Pfännchen mit den Schalotten und Preiselbeeren kurz heraus, entferne die Thymianzweige und rühre die Speisestärke, die zuvor mit 2 EL kaltem Wasser angerührt wurde, unter. Füge den Honig hinzu und schmecke die Sauce ab. Stelle die Pfännchen zurück unter den Grill, damit die Sauce eindickt.

5. Wenn die Medaillons fertig sind, nimm die Fleischpfännchen heraus und halte sie warm. Verteile auf den Baguettescheiben den Bergkäse und grille sie unter dem Raclette Grill, bis der Käse geschmolzen ist.

6. Lege nun auf jeden Teller ein Hirschmedaillon, gib etwas von der Preiselbeersauce darüber und serviere mit dem überbackenen Baguette. Guten Appetit.

Chicken Wings

Zubereitungszeit: 25 Minuten
Portionen: 4

Zutaten:

- 12 Hähnchenflügel (Chicken Wings), halbiert
- 4 EL natives Olivenöl extra
- 2 TL Paprikapulver, edelsüß
- 1 TL Chilipulver
- 1 TL Knoblauchpulver
- 1 TL Zwiebelpulver
- 1 TL Salz
- 1 TL weißer Pfeffer, frisch gemahlen
- 100 g geriebener Käse (z.B. Gouda)
- 1 rote Paprika, in kleine Würfel geschnitten
- 4 Frühlingszwiebeln, in feine Ringe geschnitten
- 50 ml BBQ-Sauce
- 50 ml Honig
- 1 TL Senf

Zubereitung:

1. In einer Schüssel Olivenöl, Paprikapulver, Chilipulver, Knoblauchpulver, Zwiebelpulver, Salz und Pfeffer vermischen. Die Chicken Wings darin wenden, bis sie gleichmäßig mit der Marinade bedeckt sind.

2. Lege die marinierten Chicken Wings in die Raclette-Pfännchen. Streue den geriebenen Käse darüber und verteile die Paprikawürfel sowie die Frühlingszwiebelringe darauf.

3. In einer kleinen Schüssel BBQ-Sauce, Honig und Senf zu einer Sauce verrühren. Gib je einen Teelöffel der Sauce über die Chicken Wings.

4. Stelle die Pfännchen in den Raclette Grill und lasse die Chicken Wings etwa 15 Minuten garen, bis sie knusprig sind und der Käse geschmolzen ist.

5. Sobald die Wings fertig sind, kannst du sie heiß genießen. Guten Appetit.

Lachsfiletwürfel mit Dill-Senf-Haube

Zubereitungszeit: 20 Minuten
Portionen: 4

Zutaten:

- 400 g Lachsfilet, in Würfel geschnitten
- 2 EL frischer Dill, fein gehackt
- 2 EL Senf, mittelscharf
- 4 EL Paniermehl
- 4 EL natives Olivenöl extra
- Salz und Pfeffer nach Geschmack
- 1 Bio-Zitrone, in Spalten geschnitten
- 100 g Crème fraîche

Zubereitung:

1. Heize deinen Raclette Grill vor.

2. Würze die Lachsfiletwürfel mit Salz und Pfeffer und träufle 2 EL Olivenöl darüber. Verteile sie gleichmäßig auf die Raclette-Pfännchen.

3. In einer kleinen Schüssel vermische den Senf, den gehackten Dill, das Paniermehl und die Crème fraîche zu einer geschmeidigen Paste.

4. Verteile diese Dill-Senf-Haube sorgfältig auf den gewürzten Lachsfiletwürfeln.

5. Stelle die Pfännchen unter den Raclette-Grill und lasse den Lachs garen, bis die Oberfläche goldbraun und knusprig ist, was etwa 8-10 Minuten dauern sollte.

6. Sobald der Lachs gar und die Haube knusprig ist, serviere jedes Pfännchen mit Zitronenspalten zum Beträufeln. Guten Appetit.

Garnelen mit Knoblauch und Limette

Zubereitungszeit: 15 Minuten
Portionen: 4

Zutaten:

- 400 g Garnelen, geschält und entdarmt
- 2 Knoblauchzehen, fein gehackt
- 1 Bio-Limette, in Scheiben geschnitten
- 2-3 EL natives Olivenöl extra
- 1 rote Chili, entkernt und fein geschnitten
- 2 EL frischer Koriander, gehackt
- Salz und Pfeffer nach Geschmack
- 4 TL Butter
- 50 ml Weißwein

Zubereitung:

1. Verteile die Garnelen gleichmäßig auf die Raclette-Pfännchen.
2. Gib auf jede Portion Garnelen etwas von dem gehackten Knoblauch und der fein geschnittenen Chili.
3. Drücke über jedem Pfännchen eine Limettenscheibe aus und lege sie anschließend dazu.
4. Träufle auf jede Portion 1/2 EL Olivenöl und gib einen TL Butter hinzu.
5. Würze die Garnelen mit Salz und Pfeffer nach deinem Geschmack.
6. Streue den gehackten Koriander über die Garnelen.
7. Gieße in jedes Pfännchen ein wenig Weißwein.
8. Stelle die Pfännchen in deinen Raclette Grill und lasse die Garnelen ca. 3-5 Minuten garen, bis sie rosa und durchgegart sind. Guten Appetit.

Thunfischsteak mit Sesamkruste

Zubereitungszeit: ca. 20 Minuten
Portionen: 4

Zutaten:

- 4 Thunfischsteaks (à ca. 150 g, in Würfel geschnitten)
- 4 EL Sojasauce
- 2 EL Sesamöl
- 2 EL Honig
- 100 g Sesamsamen
- 2 Frühlingszwiebeln, in feine Ringe geschnitten
- Salz und schwarzer Pfeffer nach Geschmack
- 1 EL Bio-Zitronensaft
- 1 EL frischer Ingwer, gerieben
- 1 Knoblauchzehe, gepresst
- 2 EL natives Olivenöl extra

Zubereitung:

1. Vermische in einer Schüssel die Sojasauce, das Sesamöl, den Honig, den Zitronensaft, den geriebenen Ingwer und den gepressten Knoblauch zu einer Marinade. Schmecke die Marinade mit Salz und Pfeffer ab.

2. Lege die Thunfischwürfel in die Marinade und stelle sicher, dass alle Stücke gut bedeckt sind. Lasse den Fisch für etwa 10 Minuten im Kühlschrank ziehen.

3. In der Zwischenzeit heize den Raclette Grill vor. Verteile die Sesamsamen auf einem flachen Teller.

4. Nimm die Thunfischwürfel aus der Marinade und wende sie in den Sesamsamen, sodass alle Seiten bedeckt sind.

5. Gib etwas Olivenöl in jedes Pfännchen und verteile die Thunfischwürfel darauf.

6. Setze die Pfännchen unter den Raclette Grill und lasse die Thunfischwürfel von jeder Seite ca. 2-3 Minuten garen, bis die Sesamkruste goldbraun ist.

7. Nimm die Pfännchen vom Grill und garniere sie mit den Frühlingszwiebelringen. Guten Appetit.

Zanderfilet mit Kräuterkruste

Zubereitungszeit: 15 Minuten
Portionen: 4

Zutaten:

- 4 Zanderfilets à 150 g, gehäutet
- 100 g Paniermehl
- 50 g weiche Butter
- 2 EL Petersilie, fein gehackt
- 1 EL Dill, fein gehackt
- 2 EL Parmesan, frisch gerieben
- 1 TL Bio-Zitronenabrieb
- Salz und frisch gemahlener Pfeffer
- 1 TL Knoblauch, fein gehackt
- 4 TL natives Olivenöl extra

Zubereitung:

1. Heize deinen Raclette-Grill vor.

2. Würze die Zanderfilets mit Salz und Pfeffer und träufle je 1 TL Olivenöl über jedes Filet. Verteile die Filets auf die Raclette-Pfännchen.

3. In einer Schüssel vermische das Paniermehl, die weiche Butter, den gehackten Knoblauch, Petersilie, Dill, Parmesan und den Zitronenabrieb. Würze die Mischung mit einer Prise Salz und Pfeffer.

4. Verteile die Kräutermischung gleichmäßig auf den Zanderfilets.

5. Setze die Pfännchen unter den Raclette-Grill, bis die Kruste goldbraun und knusprig ist. Dies dauert etwa 4-6 Minuten, je nach Hitze deines Grills.

6. Sobald die Kruste die gewünschte Bräune erreicht hat, nimm die Pfännchen vom Grill und serviere die Zanderfilets direkt aus den Pfännchen. Guten Appetit.

Forellenfilet mit Mandelblättchen

Zubereitungszeit: 20 Minuten
Portionen: 4

Zutaten:

- 4 Forellenfilets, à 150 g, gehäutet
- 80 g Mandelblättchen
- 2 EL natives Olivenöl extra
- Salz und weißer Pfeffer nach Geschmack
- 4 TL Honig
- 1 Bund frischer Dill, fein gehackt
- 4 TL Bio-Zitronensaft
- 1 rote Paprika, in dünne Streifen geschnitten
- 100 g Ziegenkäse, in kleine Würfel geschnitten
- Frische Petersilie, gehackt

Zubereitung:

1. Bestreiche jedes Forellenfilet mit einem halben EL Olivenöl, würze sie mit Salz und Pfeffer und beträufle sie mit 1 TL Zitronensaft.

2. Verteile die Mandelblättchen gleichmäßig auf den Forellenfilets und drücke sie leicht an, damit sie haften bleiben.

3. Lege nun die Forellenfilets in je ein Raclette-Pfännchen.

4. Verteile die roten Paprikastreifen und die Ziegenkäsewürfel um die Filets herum.

5. Träufle jeweils 1 TL Honig über jedes Filet.

6. Bestreue die Filets mit dem gehackten Dill.

7. Setze die Pfännchen unter den Raclette-Grill und lasse die Forellenfilets für etwa 8-10 Minuten garen, bis die Mandeln goldbraun und die Filets durchgegart sind.

8. Nimm die Pfännchen heraus und garniere jedes Filet mit Petersilie. Guten Appetit.

Muscheln im Weißweinsud

Zubereitungszeit: 20 Minuten
Portionen: 4

Zutaten:

- 1 kg Muscheln, gereinigt und geprüft (offene und beschädigte Muscheln entfernen)
- 200 ml trockener Weißwein
- 2 mittelgroße Schalotten, fein gewürfelt
- 4 EL frische Petersilie, gehackt
- 2 Knoblauchzehen, fein geschnitten
- 100 ml Sahne
- 1 Bio-Zitrone, in Spalten geschnitten
- Salz und frisch gemahlener Pfeffer
- 4 TL natives Olivenöl extra
- Brot zum Servieren, in Stücke geschnitten

Zubereitung:

1. Schalte deinen Raclette Grill ein und lass ihn heiß werden.

2. Verteile die gewürfelten Schalotten und den geschnittenen Knoblauch auf die Raclette-Pfännchen.

3. Gib jeweils 1 TL Olivenöl in jedes Pfännchen und schiebe sie unter den Raclette Grill, bis die Schalotten und der Knoblauch weich sind.

4. Verteile nun die vorbereiteten Muscheln auf die Pfännchen und lösche sie mit je 50 ml Weißwein ab.

5. Lass alles unter dem Raclette Grill für ca. 5-7 Minuten garen, bis die Muscheln sich öffnen.

6. Danach verteile die Sahne auf die Pfännchen. Würze mit Salz und Pfeffer.

7. Lass das Ganze nochmals 3-4 Minuten garen, bis die Sahne heiß ist und leicht anfängt zu köcheln.

8. Bestreue die Pfännchen mit der Petersilie und serviere sie direkt mit einem Stück Brot und einer Zitronenspalte zum Beträufeln. Guten Appetit.

Kabeljau mit Chorizokruste

Zubereitungszeit: 15 Minuten
Portionen: 4

Zutaten:

- 4 Kabeljaufilets (à ca. 150 g), ohne Haut
- 120 g Chorizo, fein gewürfelt
- 2 EL natives Olivenöl extra
- 4 TL Senf, mittelscharf
- 50 g Paniermehl
- 50 g Parmesan, frisch gerieben
- 2 Zweige frischer Thymian, Blättchen abgezupft und fein gehackt
- 1 rote Paprika, in kleine Würfel geschnitten
- Salz und Pfeffer nach Geschmack
- Einige Bio-Zitronenspalten

Zubereitung:

1. Nimm die Kabeljaufilets und würze sie mit Salz und Pfeffer. Bestreiche jedes Filet auf einer Seite mit einem TL Senf.

2. Mische in einer kleinen Schüssel das Paniermehl, den Parmesan und die Thymianblättchen. Gib die Chorizo-Würfel dazu und vermische alles gut, sodass eine krümelige Mischung entsteht.

3. Verteile die Paprikawürfel gleichmäßig auf die Raclette-Pfännchen. Lege darauf jeweils ein Kabeljaufilet mit der Senfseite nach oben.

4. Streue nun die Chorizo-Paniermischung großzügig über die Kabeljaufilets, sodass die Senfschicht komplett bedeckt ist.

5. Träufle über jedes Pfännchen ein wenig Olivenöl, um die Kruste während des Grillens knusprig zu machen.

6. Setze die Pfännchen unter den Raclette-Grill und lasse den Fisch etwa 6-8 Minuten garen, bis die Chorizokruste goldbraun und knusprig ist.

7. Serviere die Kabeljaufilets direkt aus den Pfännchen und gib nach Belieben eine Zitronenspalte dazu. Guten Appetit.

Jakobsmuscheln im Speckmantel

Zubereitungszeit: 15 Minuten
Portionen: 4

Zutaten:

- 12 Jakobsmuscheln, ausgelöst
- 12 dünne Scheiben Bacon
- 2 EL natives Olivenöl extra
- Frisch gemahlener weißer Pfeffer
- 4 TL gehackte Petersilie
- 1 mittelgroße Bio-Zitrone, in 8 Spalten geschnitten
- 100 g Cherrytomaten, halbiert
- 100 g Zuckerschoten, halbiert
- 4 TL Butter
- Salz

Zubereitung:

1. Heize deinen Raclette Grill vor.
2. Würze die Jakobsmuscheln mit Pfeffer. Umwickle jede Muschel mit einer Scheibe Bacon und sichere sie gegebenenfalls mit einem Zahnstocher.
3. Bepinsle die Pfännchen mit etwas Olivenöl. Lege jeweils drei umwickelte Jakobsmuscheln in jedes Pfännchen.
4. Verteile die Zuckerschoten und Cherrytomaten neben den Jakobsmuscheln.
5. Gib auf jede Muschel ein wenig Butter und streue die gehackte Petersilie darüber.
6. Stelle die Pfännchen unter den Grill und lasse alles etwa 6-8 Minuten garen, bis der Bacon knusprig ist.
7. Serviere die Jakobsmuscheln mit Zitronenspalten zum Beträufeln. Guten Appetit.

Sardinenfilets mit Tomaten-Oliven-Salsa

Zubereitungszeit: 20 Minuten
Portionen: 4

Zutaten:

- 8 Sardinenfilets, entgrätet
- 4 reife Tomaten, gewürfelt
- 1 kleine rote Zwiebel, fein gehackt
- 100 g schwarze Oliven, entsteint und gehackt
- 2 EL natives Olivenöl extra
- 1 EL frischer Bio-Zitronensaft
- 1 Bund frischer Koriander, gehackt
- Salz und weißer Pfeffer nach Geschmack
- 1 TL getrockneter Oregano
- 100 g Feta, zerkrümelt
- 4 TL Kapern, gehackt

Zubereitung:

1. Vermische in einer Schüssel die gewürfelten Tomaten, die gehackte rote Zwiebel, die schwarzen Oliven, den Zitronensaft, den gehackten Koriander, Salz, Pfeffer und den getrockneten Oregano, um die Salsa herzustellen.

2. Lege die Sardinenfilets auf ein Pfännchen und beträufle sie leicht mit Olivenöl. Würze sie mit Salz und Pfeffer.

3. Streue den zerkrümelten Feta und die gehackten Kapern über die Sardinenfilets.

4. Setze die Pfännchen unter den heißen Raclette Grill und lasse die Sardinenfilets 4 bis 6 Minuten garen, bis der Feta leicht schmilzt und die Sardinen durchgegart sind.

5. Nimm die Pfännchen vom Grill und gib jeweils einen Esslöffel der Salsa über die heißen Sardinenfilets. Guten Appetit.

Seezungenröllchen mit Kapernbutter

Zubereitungszeit: 20 Minuten
Portionen: 4

Zutaten:

- 4 Seezungenfilets, jeweils in zwei Streifen geschnitten
- 2 EL Kapern, fein gehackt
- 100 g weiche Butter
- 1 Bund frischer Dill, fein gehackt
- 1 Bio-Zitrone, Zesten gerieben und Saft ausgepresst
- 1 rote Paprika, in dünne Streifen geschnitten
- Salz und frisch gemahlener Pfeffer
- 8 dünne Scheiben Räucherspeck

Zubereitung:

1. Seezungenstreifen salzen und pfeffern. Auf jedes Stück eine Scheibe Räucherspeck legen und fest aufrollen. Die Röllchen mit Zahnstochern fixieren.

2. In einer kleinen Schüssel die weiche Butter mit den Kapern, dem Dill, Zitronenzesten und 1 TL Zitronensaft vermischen. Mit Salz und Pfeffer abschmecken.

3. Die Paprikastreifen auf die Pfännchen verteilen und jeweils ein Seezungenröllchen daraufsetzen.

4. Jeweils einen TL der Kapernbutter auf die Röllchen geben.

5. Die Pfännchen unter dem heißen Raclette-Grill schieben, bis der Speck knusprig und die Seezunge gar ist, etwa 6-8 Minuten.

6. Nach Belieben mit Dill garnieren und servieren. Guten Appetit.

Seeteufelwürfel mit Paprika

Zubereitungszeit: 20 Minuten
Portionen: 4

Zutaten:

- 600 g Seeteufel, in Würfel geschnitten
- 2 rote Paprika, entkernt und in kleine Stücke geschnitten
- 2 gelbe Paprika, entkernt und in kleine Stücke geschnitten
- 8 kleine Frühlingszwiebeln, in feine Ringe geschnitten
- 100 g Chorizo, in dünne Scheiben geschnitten

- 4 EL natives Olivenöl extra
- 2 TL Paprikapulver, edelsüß
- 1 TL Meersalz
- 1 TL schwarzer Pfeffer, frisch gemahlen
- Frische Petersilie, gehackt
- 1 Bio-Zitrone, in Spalten geschnitten

Zubereitung:

1. Nimm zuerst die Seeteufelwürfel und würze sie in einer Schüssel mit 2 EL Olivenöl, Paprikapulver, Salz und Pfeffer.

2. Verteile die gewürzten Fischwürfel zusammen mit den Paprikastücken und Chorizo-Scheiben auf die Raclette-Pfännchen.

3. Träufle die restlichen 2 EL Olivenöl über die Zutaten und streue die Frühlingszwiebeln darüber.

4. Heize den Raclette Grill vor und setze dann die Pfännchen unter den Grill. Lasse alles für etwa 8-10 Minuten garen, bis der Fisch gar und leicht gebräunt ist.

5. Garniere alles mit frischer Petersilie und serviere die Pfännchen mit Zitronenspalten zum Beträufeln. Guten Appetit.

Aalstreifen in Dillsauce

Zubereitungszeit: 30 Minuten
Portionen: 4

Zutaten:

- 400 g Aalfilet, in Streifen geschnitten
- 4 EL frischer Dill, gehackt
- 200 ml Sahne
- 2 EL Senf
- 1 kleine Zwiebel, fein gewürfelt
- 100 ml Weißwein
- 2 EL Bio-Zitronensaft
- 50 g Butter
- Salz und Pfeffer
- 4 TL Mehl
- 4 EL Gouda, gerieben
- 2 EL Schnittlauch, fein geschnitten

Zubereitung:

1. Gib in jedes Pfännchen ein paar Aalstreifen. Bestreue sie leicht mit Salz und Pfeffer.

2. In einer kleinen Schüssel verrührst du den Senf, Zitronensaft und den gehackten Dill. Verteile diese Mischung gleichmäßig über die Aalstreifen.

3. Streue nun je 1 TL Mehl über die Aalstreifen, um später eine Bindung für die Sauce zu haben.

4. Verteile die Zwiebelwürfel auf die Pfännchen und setze je einen kleinen Würfel Butter darauf.

5. Übergieße jedes Pfännchen mit einem Schuss Weißwein und 50 ml Sahne.

6. Streue zum Schluss den geriebenen Gouda und den Schnittlauch über die Aalstreifen.

7. Setze die Pfännchen unter den Raclette Grills und lasse alles ca. 15 Minuten garen, bis der Aal durchgegart und die Sauce eingedickt ist. Guten Appetit.

Garnelen mit Kräuterbutter

Zubereitungszeit: 15 Minuten
Portionen: 4

Zutaten:

- 400 g Garnelen, geschält und entdarmt
- 100 g weiche Butter
- 2 EL frische Petersilie, fein gehackt
- 1 EL frischer Dill, fein gehackt
- 1 TL frischer Thymian, Blättchen abgezupft
- 1 Knoblauchzehe, fein gewürfelt
- 1 Schalotte, fein gewürfelt
- 2 EL Bio-Zitronensaft
- Salz und Pfeffer nach Geschmack
- 100 g Parmesan, frisch gerieben
- 4 TL natives Olivenöl extra

Zubereitung:

1. In einer kleinen Schüssel vermischst du die Butter mit Petersilie, Dill, Thymian, Knoblauch, Schalotte und Zitronensaft. Diese Kräuterbutter würzt du mit Salz und Pfeffer.

2. Jedes Pfännchen bestreichst du dünn mit etwas Olivenöl. Dann verteilst du die Garnelen darauf.

3. Auf die Garnelen gibst du großzügig etwas von der Kräuterbuttermischung, sodass alle Garnelen gut bedeckt sind.

4. Jetzt streust du über jede Portion etwas frisch geriebenen Parmesan.

5. Das Pfännchen unter den Raclette-Grill schieben und warten, bis die Garnelen gar und leicht gebräunt sind und der Käse geschmolzen ist. Das dauert in der Regel 3-5 Minuten, je nach Raclette-Grill.

6. Die fertigen Garnelenpfännchen vorsichtig herausnehmen und servieren. Guten Appetit.

Makrelenstücke in Senfmarinade

Zubereitungszeit: 20 Minuten
Portionen: 4

Zutaten:

- 4 frische Makrelenfilets, in Stücke geschnitten
- 4 EL Dijon-Senf
- 2 EL Honig
- 2 EL natives Olivenöl extra
- 1 EL Weißweinessig
- 1 kleine Zwiebel, fein gewürfelt
- 1 TL getrockneter Dill
- 1 TL Paprikapulver, edelsüß
- Salz und Pfeffer nach Geschmack
- 2 EL frische Petersilie, gehackt
- 1 Bio-Zitrone in Spalten geschnitten

Zubereitung:

1. Vermische in einer Schüssel den Dijon-Senf, Honig, Olivenöl und Weißweinessig zu einer glatten Marinade.

2. Füge die Zwiebelwürfel, den Dill und das Paprikapulver hinzu. Schmecke die Marinade mit Salz und Pfeffer ab.

3. Lege die Makrelenstücke in die Marinade und stelle sicher, dass alle Stücke gleichmäßig bedeckt sind. Lass die Makrelen für 10 Minuten in der Marinade ziehen.

4. Heize deinen Raclette Grill vor und öle die Pfännchen leicht ein.

5. Verteile die marinierten Makrelenstücke gleichmäßig auf die Pfännchen und stelle diese unter den Raclette Grill.

6. Grill die Makrelenstücke für ca. 6-8 Minuten, bis sie durchgegart sind und eine leichte Bräune aufweisen.

7. Bestreue die fertigen Makrelenstücke mit Petersilie und serviere sie mit Zitronenspalten. Guten Appetit.

Forellenfilet mit Meerrettichcreme

Zubereitungszeit: 15 Minuten
Portionen: 4

Zutaten:

- 4 Forellenfilets, je etwa 150 g, Haut entfernt
- 1 EL natives Olivenöl extra
- Salz und Pfeffer nach Geschmack
- 4 EL Meerrettich, frisch gerieben
- 200 g Crème fraîche
- 1 EL Dill, fein gehackt
- 1 kleine Bio-Zitrone, in Scheiben geschnitten
- 100 g Rucola, grob gehackt
- 1 rote Zwiebel, in feine Ringe geschnitten
- 2 EL Kapern, abgetropft und fein gehackt
- 4 TL Butter

Zubereitung:

1. Forellenfilets trocken tupfen und mit Salz und Pfeffer würzen. Jedes Filet auf ein Raclette-Pfännchen legen und mit Olivenöl beträufeln.

2. In einer kleinen Schüssel Meerrettich mit Crème fraîche verrühren. Dill untermischen und die Meerrettichcreme mit Salz abschmecken.

3. Auf jedes Pfännchen ein paar Zwiebelringe und Kapern geben. Eine Zitronenscheibe darauflegen und jeweils einen TL Butter daraufsetzen.

4. Die Pfännchen unter den heißen Raclette-Grill schieben und die Forellenfilets etwa 6-8 Minuten garen, bis sie durchgegart sind.

5. Nach dem Garen die Pfännchen herausnehmen und auf jedes etwas Rucola verteilen. Zum Schluss je einen großzügigen Klecks der Meerrettichcreme darauf geben. Guten Appetit.

Gemüse-Tofu-Spieße mit Teriyaki-Glasur

Zubereitungszeit: 20 Minuten
Portionen: 4

Zutaten:

- 200 g Tofu, in Würfel geschnitten
- 1 rote Paprika, in Stücke geschnitten
- 1 gelbe Paprika, in Stücke geschnitten
- 1 Zucchini, in Scheiben geschnitten
- 8 kleine frische Champignons, halbiert
- 2 EL natives Olivenöl extra
- Salz und Pfeffer nach Geschmack
- 4 EL Teriyaki-Sauce
- 1 TL Sesamsamen
- 1 EL frischer Koriander, gehackt
- 1 EL Sojasauce
- 1 Knoblauchzehe, fein gehackt
- 1/2 TL Ingwer, frisch gerieben

Zubereitung:

1. In einer kleinen Schüssel Olivenöl, Teriyaki-Sauce, Sojasauce, Knoblauch und Ingwer vermischen, um eine Marinade herzustellen. Tofuwürfel in die Marinade geben und mindestens 10 Minuten marinieren lassen.

2. In der Zwischenzeit Paprika, Zucchini und Champignons vorbereiten und bereithalten.

3. Nach der Marinierzeit den marinierten Tofu abwechselnd mit den Gemüsestücken auf Spieße stecken. Stelle sicher, dass du eine bunte Mischung auf jedem Spieß hast.

4. Heize deinen Raclette-Grill vor und lege die Gemüse-Spieße auf den Grillaufsatz oder in die Raclette-Pfännchen. Grill die Spieße, bis das Gemüse weich und der Tofu goldbraun ist. Dies dauert etwa 6-8 Minuten. Wende die Spieße gelegentlich, um eine gleichmäßige Garung zu erzielen.

5. Sobald die Spieße fertig sind, lege sie auf einen Teller. Bestreue sie mit Sesamsamen und Koriander. Guten Appetit.

Zucchini-Röllchen mit Frischkäsefüllung

Zubereitungszeit: 20 Minuten
Portionen: 4

Zutaten:

- 2 mittelgroße Zucchini, in dünne Längsstreifen geschnitten
- 200 g Frischkäse
- 50 g getrocknete Tomaten, fein gehackt
- 2 EL frische Basilikumblätter, fein gehackt
- Salz und Pfeffer nach Geschmack
- 1 TL getrockneter Oregano
- 50 g geriebener Mozzarella
- Etwas natives Olivenöl extra

Zubereitung:

1. In einer Schüssel vermengst du Frischkäse, getrocknete Tomaten, Basilikum, Salz, Pfeffer und Oregano zu einer homogenen Masse.

2. Bestreiche die Zucchinistreifen leicht mit Olivenöl und würze sie mit etwas Salz und Pfeffer.

3. Gib auf das Ende jedes Zucchinistreifens einen Teelöffel der Frischkäsemischung und rolle den Streifen vorsichtig auf.

4. Lege die Zucchini-Röllchen nebeneinander in mehrere Raclette-Pfännchen. Jedes Pfännchen sollte 3-4 Röllchen enthalten, abhängig von ihrer Größe.

5. Bestreue jedes Pfännchen mit einer Prise geriebenem Mozzarella.

6. Grille die Zucchini-Röllchen unter dem Raclette-Grill, bis der Käse geschmolzen und die Zucchini weich, aber noch bissfest ist. Dies dauert etwa 5-7 Minuten.

7. Serviere die Röllchen direkt aus den Pfännchen. Guten Appetit.

Mediterrane Polentaschnitten

Zubereitungszeit: 20 Minuten
Portionen: 4

Zutaten:

- 200 g Polenta
- 800 ml Gemüsebrühe
- 2 EL natives Olivenöl extra
- 1 rote Paprika, in kleine Würfel geschnitten
- 1 Zucchini, in dünne Scheiben geschnitten
- 2 Tomaten, in Scheiben geschnitten
- 100 g Feta, zerbröselt
- 1 TL getrockneter Oregano
- Salz und Pfeffer nach Geschmack
- Frische Basilikumblätter

Zubereitung:

1. Bringe die Gemüsebrühe in einem Topf zum Kochen. Rühre die Polenta ein und koche sie unter ständigem Rühren gemäß der Packungsanleitung. Wenn sie dickflüssig ist, würze sie mit Salz und Pfeffer.

2. Breite die fertige Polenta auf einem mit Backpapier ausgelegten Backblech aus, sodass sie etwa 1 cm dick ist. Lasse sie abkühlen, bis sie fest wird.

3. Schneide die erstarrte Polenta in rechteckige Schnitten.

4. Heize den Raclette Grill vor. Bestreiche die Polentaschnitten leicht mit Olivenöl und lege sie auf die Grillplatte. Grille sie von beiden Seiten, bis sie leicht knusprig sind.

5. Verteile in der Zwischenzeit die Zucchinischeiben, Paprikawürfel und Tomatenscheiben auf die Raclette-Pfännchen. Bestreue sie mit Oregano, Salz und Pfeffer.

6. Sobald das Gemüse weich ist, lege je eine Polentaschnitte darauf. Bestreue sie mit Feta und lasse den Käse schmelzen.

7. Garniere zum Schluss alles mit Basilikumblättern. Guten Appetit.

Gefüllte Champignons mit Kräuterkruste

Zubereitungszeit: 20 Minuten
Portionen: 4

Zutaten:

- 16 große frische Champignons, Stiele entfernt
- 200 g Frischkäse
- 100 g geriebener Gouda
- 4 EL Semmelbrösel
- 2 EL frisch gehackte Petersilie
- 2 EL frisch gehackte Schnittlauch
- 1 kleine rote Zwiebel, fein gewürfelt
- 2 Knoblauchzehen, fein gehackt
- Salz und Pfeffer
- Etwas natives Olivenöl extra

Zubereitung:

1. Putze die Champignons vorsichtig und entferne die Stiele. Hacke die Stiele fein und stelle sie beiseite.

2. In einer kleinen Schüssel vermische Frischkäse, Gouda, Semmelbrösel, Petersilie, Schnittlauch, gehackte Champignonstiele, Zwiebelwürfel und Knoblauch. Würze die Mischung mit Salz und Pfeffer.

3. Fülle die Champignonköpfe mit der Frischkäsemischung. Achte darauf, dass sie gut gefüllt sind.

4. Beträufle die gefüllten Champignons leicht mit Olivenöl.

5. Lege die gefüllten Champignons in die Raclette-Pfännchen. Lasse sie unter dem Raclette Grill etwa 10-15 Minuten garen, bis sie goldbraun sind und der Käse geschmolzen ist.

6. Serviere die Champignons direkt aus den Pfännchen. Guten Appetit.

Kürbiswürfel mit Ziegenkäse überbacken

Zubereitungszeit: 20 Minuten
Portionen: 4

Zutaten:

- 400 g Hokkaido-Kürbis, in kleine Würfel geschnitten
- 200 g Ziegenkäse, zerbröselt
- 2 EL natives Olivenöl extra
- 1 TL getrockneter Thymian
- Salz und Pfeffer nach Geschmack
- 1 rote Zwiebel, in dünne Ringe geschnitten
- 4 TL Honig
- 4 TL gehackte Walnüsse
- Frische Petersilie, fein gehackt

Zubereitung:

1. Heize deinen Raclette Grill vor. Währenddessen gib die Kürbiswürfel in eine Schüssel, beträufle sie mit Olivenöl, Thymian, Salz und Pfeffer und mische alles gut durch.

2. Verteile die Kürbiswürfel auf die Raclette-Pfännchen. Leg die Zwiebelringe darauf und lasse sie etwa 10 Minuten unter dem Grill garen, bis der Kürbis weich ist.

3. Nimm die Pfännchen kurz heraus und streue den zerbröselten Ziegenkäse über den Kürbis. Gib dann jeweils 1 TL Honig und 1 TL gehackte Walnüsse dazu.

4. Setze die Pfännchen wieder unter den Grill und lass den Käse schmelzen, bis er leicht goldbraun ist. Das dauert etwa 5-7 Minuten.

5. Nimm die fertigen Pfännchen heraus und garniere sie mit Petersilie. Guten Appetit.

Kartoffelrösti mit Apfelkompott

Zubereitungszeit: 30 Minuten
Portionen: 4

Zutaten:

- 500 g Kartoffeln, grob geraspelt
- 2 Äpfel, in kleine Würfel geschnitten
- 1 Zwiebel, fein gehackt
- 100 g geriebener Emmentaler
- 2 EL Mehl
- 1 TL Salz
- 1/2 TL weißer Pfeffer
- 1 TL Zimt
- 4 EL brauner Zucker
- 200 ml Apfelsaft
- 2 EL Butter

Zubereitung:

1. In einer Schüssel die geraspelten Kartoffeln, gehackte Zwiebel, Mehl, Salz und Pfeffer gut vermischen.

2. In einem separaten Topf die Äpfel, Zimt, Zucker und Apfelsaft bei mittlerer Hitze köcheln, bis die Äpfel weich sind und eine kompottartige Konsistenz entsteht.

3. Butter in einer Pfanne schmelzen und die Kartoffelmischung portionsweise in die Pfännchen des Raclette Grills geben. Die Kartoffelmischung leicht andrücken und ca. 10 Minuten pro Seite goldbraun braten.

4. Nachdem die Röstis auf einer Seite gebräunt sind, wenden und auf die gebräunte Seite etwas geriebenen Emmentaler streuen. Weiter braten, bis auch die andere Seite goldbraun ist und der Käse geschmolzen ist.

5. Die fertigen Röstis auf Teller verteilen und mit dem warmen Apfelkompott servieren. Guten Appetit.

Bunte Paprika-Tapas mit Manchego

Zubereitungszeit: 20 Minuten
Portionen: 4

Zutaten:

- 2 rote Paprikaschoten, in Streifen geschnitten
- 2 grüne Paprikaschoten, in Streifen geschnitten
- 2 gelbe Paprikaschoten, in Streifen geschnitten
- 200 g Manchego-Käse, in dünne Scheiben geschnitten
- 2 EL natives Olivenöl extra
- 1 TL getrockneter Oregano
- 1 TL Paprikapulver, edelsüß
- 1/2 TL Salz
- 1/4 TL frisch gemahlener schwarzer Pfeffer
- Einige frische Basilikumblätter

Zubereitung:

1. Heize den Raclette Grill vor. Verteile die Paprikastreifen auf die Pfännchen. Gib auf jedes Pfännchen ein wenig Olivenöl.

2. Bestreue die Paprikastreifen mit Oregano, Paprikapulver, Salz und Pfeffer. Lass die Paprika für ca. 5-7 Minuten unter dem Raclette Grill garen, bis sie weich sind.

3. Lege ein paar Scheiben Manchego-Käse auf die gegrillten Paprikastreifen. Lasse den Käse schmelzen, bis er leicht goldbraun wird.

4. Garniere die fertigen Tapas mit Basilikumblättern. Serviere sie direkt aus den Pfännchen. Guten Appetit.

Auberginen-Scheiben mit Tomatenpesto

Zubereitungszeit: 20 Minuten
Portionen: 4

Zutaten:

- 2 mittelgroße Auberginen, in 0,5 cm dicke Scheiben geschnitten
- 150 g Kirschtomaten, halbiert
- 1 Bund frisches Basilikum, Blätter gezupft
- 2 Knoblauchzehen, fein gehackt
- 50 g Pinienkerne, geröstet
- 50 g Parmesan, frisch gerieben
- 100 ml natives Olivenöl extra
- Salz und Pfeffer nach Geschmack
- 1 TL getrockneter Oregano
- 1 TL rote Paprikaflocken
- 50 ml Balsamico-Essig

Zubereitung:

1. Auberginenscheiben auf die Pfännchen verteilen und mit etwas Olivenöl beträufeln. Mit Salz, Pfeffer und Oregano würzen.

2. Die Pfännchen unter den Raclette Grill schieben und die Auberginen etwa 5-7 Minuten garen, bis sie weich sind.

3. Währenddessen in einem Mixer die Kirschtomaten, Basilikum, Knoblauch, Pinienkerne, Parmesan, restliches Olivenöl, Balsamico-Essig, Salz und Paprikaflocken zu einem groben Pesto verarbeiten.

4. Das fertige Pesto auf den gegarten Auberginenscheiben verteilen.

5. Nochmals für 2-3 Minuten unter den Grill schieben, bis das Pesto warm ist.

6. Guten Appetit.

Süßkartoffel mit Feta und Granatapfel

Zubereitungszeit: 20 Minuten
Portionen: 4

Zutaten:

- 2 mittelgroße Süßkartoffeln, in 1 cm dicke Scheiben geschnitten
- 200 g Feta, zerkrümelt
- 1 Granatapfel, entkernt
- 4 EL natives Olivenöl extra
- 2 EL Honig
- 1 TL gemahlener Kreuzkümmel
- 1/2 TL Paprikapulver, edelsüß
- 1/4 TL Salz
- Frischer Koriander, gehackt
- 4 kleine Zweige Rosmarin

Zubereitung:

1. Heize deinen Raclette Grill vor. Mische in einer kleinen Schüssel Olivenöl, Honig, Kreuzkümmel, Paprikapulver und Salz zu einer Marinade.

2. Bestreiche die Süßkartoffelscheiben beidseitig mit der Marinade und lege sie auf die Raclette Pfännchen. Gib je einen Rosmarinzweig dazu.

3. Lasse die Süßkartoffeln etwa 10 Minuten grillen, bis sie weich und leicht gebräunt sind. Wende sie nach 5 Minuten einmal.

4. Wenn die Süßkartoffeln fertig sind, streue den zerkrümelten Feta und die Granatapfelkerne über die heißen Scheiben.

5. Garniere alles mit Koriander. Serviere die Pfännchen direkt vom Grill. Guten Appetit.

Brokkoli-Röschen mit Parmesanhülle

Zubereitungszeit: 20 Minuten
Portionen: 4

Zutaten:

- 400 g Brokkoli, in Röschen geschnitten
- 100 g Parmesan, frisch gerieben
- 2 EL natives Olivenöl extra
- 1 TL Paprikapulver, edelsüß
- 1/2 TL Knoblauchpulver
- Salz und Pfeffer nach Geschmack
- 4 EL Paniermehl
- 1 TL getrockneter Oregano
- 2 Bio-Eier, geschlagen

Zubereitung:

1. Vermische in einer Schüssel den geriebenen Parmesan mit Paniermehl, Paprikapulver, Knoblauchpulver, Oregano, Salz und Pfeffer.

2. Tauche die Brokkoliröschen zuerst in die geschlagenen Eier und wende sie anschließend in der Parmesanmischung, bis sie gut bedeckt sind.

3. Verteile die panierten Brokkoliröschen gleichmäßig auf die Raclette-Pfännchen.

4. Träufle ein wenig Olivenöl über die Brokkoliröschen.

5. Setze die Pfännchen in den Raclette Grill und lasse sie etwa 10 Minuten garen, bis der Brokkoli weich und die Parmesanhülle goldbraun und knusprig ist.

6. Serviere es direkt aus den Pfännchen. Guten Appetit.

Spinat-Pfannkuchen mit Gorgonzolasauce

Zubereitungszeit: 30 Minuten
Portionen: 4

Zutaten:

- 150 g frischer Spinat, gehackt
- 200 g Mehl
- 2 Bio-Eier
- 300 ml Milch
- 1 TL Salz
- 2 EL natives Olivenöl extra
- 100 g Gorgonzola, zerbröckelt
- 200 ml Sahne
- 1 EL Butter
- 1 kleine Zwiebel, fein gewürfelt
- Salz und Pfeffer nach Geschmack

Zubereitung:

1. In einer Schüssel Mehl, Eier, Milch und Salz zu einem glatten Teig verrühren. Den gehackten Spinat hinzufügen und gut unterrühren.

2. Etwas Olivenöl in einem Pfännchen des Raclette Grills erhitzen. Eine kleine Menge des Teigs hineingeben und zu einem dünnen Pfannkuchen ausbreiten. Von beiden Seiten goldbraun backen. Wiederhole diesen Schritt, bis der gesamte Teig verbraucht ist.

3. Für die Sauce die Butter in einem weiteren Pfännchen schmelzen. Die Zwiebelwürfel hinzufügen und glasig dünsten.

4. Gorgonzola und Sahne dazugeben und unter Rühren schmelzen lassen, bis eine cremige Sauce entsteht. Mit Salz und Pfeffer abschmecken.

5. Die fertigen Pfannkuchen mit der Gorgonzolasauce übergießen und servieren. Guten Appetit.

Gegrillter Maiskolben mit Chili-Butter

Zubereitungszeit: 25 Minuten
Portionen: 4

Zutaten:

- 4 Maiskolben, Blätter und Fäden entfernt, in 3-4 cm dicke Scheiben geschnitten
- 100 g weiche Butter
- 1 TL Chiliflocken
- 1 TL Paprikapulver, edelsüß
- 2 TL frischer Bio-Limettensaft
- 1/2 TL Salz
- 1/4 TL schwarzer Pfeffer
- 50 g geriebener Parmesan
- Frische Petersilie, fein gehackt

Zubereitung:

1. In einer kleinen Schüssel Butter, Chiliflocken, Paprikapulver, Limettensaft, Salz und Pfeffer zu einer gleichmäßigen Masse vermischen.

2. Die Maiskolbenscheiben auf die Raclette-Pfännchen verteilen. Jeweils einen Klecks der Chili-Butter auf die Maiskolbenscheiben geben.

3. Die Maiskolbenscheiben im Raclette-Grill etwa 10-15 Minuten garen, bis sie leicht gebräunt und weich sind. Während des Grillens ab und zu wenden und bei Bedarf mehr Chili-Butter hinzufügen.

4. Die gegarten Maiskolbenscheiben mit geriebenem Parmesan bestreuen und mit Petersilie garnieren. Guten Appetit.

Pilz-Tatar mit Kräuterseitlingen

Zubereitungszeit: 15 Minuten
Portionen: 4

Zutaten:

- 300 g Kräuterseitlinge, fein gehackt
- 1 rote Zwiebel, fein gewürfelt
- 2 EL natives Olivenöl extra
- 1 TL Bio-Zitronensaft
- 1/2 Bund Petersilie, fein gehackt
- 1/2 Bund Schnittlauch, in Röllchen geschnitten
- Salz und Pfeffer nach Geschmack
- 1 kleine Knoblauchzehe, fein gehackt
- 50 g Walnüsse, grob gehackt
- 100 g Feta, zerkrümelt

Zubereitung:

1. Verteile die fein gehackten Kräuterseitlinge gleichmäßig auf vier Raclette-Pfännchen.

2. Gib in jedes Pfännchen etwas von den roten Zwiebelwürfeln.

3. Beträufle die Pilz-Zwiebel-Mischung in jedem Pfännchen mit etwas Olivenöl und Zitronensaft.

4. Bestreue die Mischung mit Petersilie, Schnittlauch, Salz, Pfeffer und den gehackten Knoblauch.

5. Streue zum Schluss die gehackten Walnüsse und den zerkrümelten Feta über jedes Pfännchen.

6. Setze die Pfännchen in den Raclette Grill und lasse alles für etwa 5-7 Minuten garen, bis der Feta leicht geschmolzen ist. Guten Appetit.

Rosenkohl mit Maronen und Cranberries

Zubereitungszeit: 25 Minuten
Portionen: 4

Zutaten:

- 400 g Rosenkohl, halbiert
- 200 g Maronen, vorgekocht und gehackt
- 100 g getrocknete Cranberries
- 2 rote Zwiebeln, in feine Ringe geschnitten
- 4 EL natives Olivenöl extra
- Salz und Pfeffer nach Geschmack
- 1 TL getrockneter Thymian
- 100 g Feta, zerkrümelt

Zubereitung:

1. Heize den Raclette Grill vor. Verteile den halbierten Rosenkohl gleichmäßig auf einige der Raclette-Pfännchen. Gib ein wenig Olivenöl darüber und würze sie mit Salz, Pfeffer und Thymian.

2. In anderen Pfännchen verteile die Maronen und Cranberries. Gib zu jeder Portion ein paar Zwiebelringe hinzu.

3. Stelle die Pfännchen unter den Raclette Grill und lasse alles für etwa 15 Minuten garen, bis der Rosenkohl weich und leicht gebräunt ist.

4. In der Zwischenzeit zerkrümle den Feta in einer kleinen Schüssel.

5. Sobald der Rosenkohl und die Maronen-Cranberry-Mischung fertig sind, nimm die Pfännchen vom Grill und streue den Feta darüber. Guten Appetit.

Artischockenherzen mit Balsamicocreme

Zubereitungszeit: 20 Minuten
Portionen: 4

Zutaten:

- 8 Artischockenherzen, halbiert
- 4 EL Balsamico-Creme
- 200 g Feta, gewürfelt
- 2 rote Paprika, in Streifen geschnitten
- 1 Bund Frühlingszwiebeln, klein geschnitten
- 100 g Walnüsse, gehackt
- 2 EL natives Olivenöl extra
- Salz und Pfeffer nach Geschmack

Zubereitung:

1. Verteile die halbierten Artischockenherzen auf die Raclette-Pfännchen.

2. Gib auf jedes Pfännchen ein paar Streifen rote Paprika und etwas Feta.

3. Streue ein paar gehackte Walnüsse und Frühlingszwiebeln darüber.

4. Träufle jeweils einen halben Teelöffel Olivenöl über die Zutaten in jedem Pfännchen.

5. Würze mit Salz und Pfeffer nach deinem Geschmack.

6. Lass die Pfännchen unter dem Raclette Grill garen, bis der Feta leicht geschmolzen und die Artischockenherzen warm sind.

7. Danach beträufle alles mit Balsamico Creme.

8. Serviere die Pfännchen direkt vom Grill. Guten Appetit.

Desserts

Mini-Pfannkuchen mit Apfelmus

Zubereitungszeit: 20 Minuten
Portionen: 4

Zutaten:

- 150 g Mehl
- 2 Bio-Eier
- 200 ml Milch
- 1 Prise Salz
- 2 Äpfel, geschält und gerieben
- 2 TL Zimt
- 4 EL Zucker
- Butter für die Pfännchen
- Puderzucker zum Bestreuen

Zubereitung:

1. In einer Schüssel Mehl, Eier, Milch und eine Prise Salz zu einem glatten Teig verrühren.

2. Die Äpfel schälen, grob reiben und unter den Teig mischen.

3. Jeweils eine kleine Menge Butter in die Pfännchen des Raclette Grills geben und schmelzen lassen.

4. Mit einem Löffel kleine Teigportionen in die Pfännchen geben und bei mittlerer Hitze backen, bis die Unterseite goldbraun ist, dann wenden.

5. Die Pfannkuchen mit Zucker und Zimt bestreuen und weiterbacken, bis sie auf beiden Seiten goldbraun sind.

6. Die fertigen Pfannkuchen auf einen Teller geben und mit Puderzucker bestreuen. Guten Appetit.

Schoko-Banane mit Kokosstreuseln

Zubereitungszeit: 15 Minuten
Portionen: 4

Zutaten:

- 2 reife Bananen
- 100 g Zartbitterschokolade
- 50 g Kokosstreusel
- 4 TL Honig
- 50 ml Sahne
- 20 g Butter
- Eine Prise Zimt

Zubereitung:

1. Zuerst die Bananen schälen und längs halbieren.

2. Die Zartbitterschokolade in kleine Stücke brechen und mit der Sahne und Butter in einem kleinen Topf bei niedriger Hitze schmelzen. Rühre stetig, bis eine glatte Schokosauce entsteht.

3. Streue eine Prise Zimt in die Schokosauce und rühre um.

4. Lege je eine Bananenhälfte in ein Raclette-Pfännchen.

5. Träufle über jede Banane einen Teelöffel Honig.

6. Gieße dann etwas von der Schokosauce über die Bananen.

7. Bestreue die Bananen großzügig mit Kokosstreuseln.

8. Stelle die Pfännchen unter den Raclette-Grill und lasse alles für etwa 5-7 Minuten backen, bis die Bananen weich sind und die Schokosauce warm ist. Guten Appetit.

Pflaumenröster mit Zimtquark

Zubereitungszeit: 15 Minuten
Portionen: 4

Zutaten:

- 500 g Pflaumen, entsteint und geviertelt
- 2 EL Zucker
- 1/2 TL Zimtpulver
- 1 Prise gemahlener Nelken
- 200 g Quark
- 2 TL Honig
- 1 TL Vanilleextrakt
- 4 kleine Zweige frische Minze

Zubereitung:

1. In einem kleinen Schälchen Quark, Honig und Vanilleextrakt vermischen. Die Mischung gleichmäßig auf vier Raclette-Pfännchen verteilen.

2. Die geviertelten Pflaumen auf den Pfännchen verteilen.

3. Zucker, Zimt und eine Prise Nelken in einer separaten Schüssel mischen und über die Pflaumen streuen.

4. Die Pfännchen unter den Raclette-Grill stellen und warten, bis die Pflaumen weich und der Quark leicht gebräunt ist. Dies dauert etwa 5-7 Minuten.

5. Die fertigen Pfännchen vorsichtig herausnehmen und jedes mit einem Minzzweig garnieren. Guten Appetit.

Heiße Kirschen mit Vanillesauce

Zubereitungszeit: 20 Minuten
Portionen: 4

Zutaten:

- 500 g frische Kirschen, entsteint
- 2 EL Zucker
- 1/2 TL Zimt
- 200 ml Schlagsahne
- 1 Vanilleschote, Mark ausgekratzt
- 2 EL Speisestärke
- 50 ml Wasser
- 4 TL Mandelblättchen

Zubereitung:

1. Verteile die entsteinten Kirschen gleichmäßig auf vier Raclette-Pfännchen. Bestreue jede Portion mit einem halben EL Zucker und einer Prise Zimt.

2. Stelle die Pfännchen in deinen Raclette Grill und lasse die Kirschen für etwa 10 Minuten erhitzen, bis sie weich werden und der Zucker leicht karamellisiert.

3. In der Zwischenzeit schlage die Sahne in einer Schüssel steif. Mische das Vanillemark unter die geschlagene Sahne und stelle sie kalt.

4. Rühre in einem kleinen Topf die Speisestärke mit 50 ml Wasser glatt. Erhitze die Mischung bei mittlerer Hitze, bis sie andickt, um eine leichte Sauce zu erhalten.

5. Nimm die heißen Kirschen aus dem Raclette Grill und gib etwas von der Vanillesahne darüber.

6. Bestreue jedes Pfännchen mit einem TL Mandelblättchen. Guten Appetit.

Ananasringe mit Karamell

Zubereitungszeit: 15 Minuten
Portionen: 4

Zutaten:

- 1 frische Ananas, in Ringe geschnitten (ca. 8 Ringe)
- 4 EL weiche Butter
- 4 EL brauner Zucker
- 1 TL Zimtpulver
- 100 ml Schlagsahne
- 50 g Schokoladenraspeln
- Einige Minzblätter

Zubereitung:

1. Verteile auf jedes Raclette-Pfännchen je einen Ananasring.

2. Gib auf jeden Ananasring einen halben EL Butter und bestreue ihn mit einem halben EL braunem Zucker und einer Prise Zimt.

3. Stelle die Pfännchen unter den Raclette-Grill, bis der Zucker karamellisiert und die Ananas leicht gebräunt ist. Das dauert ca. 5 Minuten.

4. Währenddessen schlage die Sahne in einer Schüssel, bis sie steif ist.

5. Nimm die Pfännchen aus dem Raclette-Grill und verteile die Schlagsahne über die karamellisierten Ananasringe.

6. Bestreue jedes Pfännchen mit Schokoladenraspeln und garniere es mit einem Minzblatt. Guten Appetit.

Aprikosen mit Amarettinikruste

Zubereitungszeit: 15 Minuten
Portionen: 4

Zutaten:

- 8 frische Aprikosen, halbiert und entsteint
- 100 g Amarettini, grob zerstoßen
- 2 EL Butter, geschmolzen

- 2 EL Honig
- 100 g Mascarpone
- 2 TL Zimtpulver
- 4 TL brauner Zucker

Zubereitung:

1. In jedes Raclette-Pfännchen zwei Aprikosenhälften mit der Schnittfläche nach oben legen.

2. In einer Schüssel die zerstoßenen Amarettini mit der geschmolzenen Butter und dem Honig vermischen, bis eine krümelige Masse entsteht.

3. Diese Masse gleichmäßig auf den Aprikosenhälften verteilen.

4. Ein paar kleine Mascarpone-Häufchen auf die Amarettinikruste setzen.

5. Die Pfännchen in den Raclette Grill schieben und für ca. 5-7 Minuten backen, bis die Kruste goldbraun und knusprig ist.

6. Nach dem Backen jedes Pfännchen mit etwas Zimtpulver bestreuen und jeweils 1 TL braunen Zucker darüberstreuen. Guten Appetit.

Bratapfel mit Nussfüllung

Zubereitungszeit: ca. 25 Minuten
Portionen: 4

Zutaten:

- 4 mittelgroße Äpfel, gewaschen und ausgehöhlt
- 100 g gemischte Nüsse (Walnüsse, Haselnüsse), fein gehackt
- 4 EL Honig
- 1 TL Zimt
- 50 g weiche Butter
- 2 EL brauner Zucker
- 4 EL Rosinen
- 100 ml Apfelsaft

Zubereitung:

1. Höhle die Äpfel sorgfältig aus, sodass eine Schale entsteht.
2. In einer Schüssel vermische die gehackten Nüsse, Rosinen, Zimt, Honig und Butter, bis eine gleichmäßige Füllung entsteht.
3. Fülle diese Mischung in die ausgehöhlten Äpfel.
4. Lege die gefüllten Äpfel in die Raclette-Pfännchen.
5. Streue je einen halben EL braunen Zucker über jeden Apfel.
6. Gieße vorsichtig etwas Apfelsaft in jedes Pfännchen, um ein Anbrennen zu verhindern.
7. Backe die Äpfel im Raclette Grill für ca. 15-20 Minuten, bis die Füllung heiß und die Äpfel weich sind. Guten Appetit.

Beerengratin mit Mascarponehaube

Zubereitungszeit: ca. 20 Minuten
Portionen: 4

Zutaten:

- 400 g gemischte Beeren (frisch, gewaschen)
- 200 g Mascarpone
- 2 EL Zucker
- 1 TL Vanilleextrakt
- 4 EL gemahlene Mandeln
- 2 EL Honig
- 4 TL Bio-Zitronensaft

Zubereitung:

1. Verteile die Beeren gleichmäßig auf vier Raclette-Pfännchen.

2. In einer Schüssel vermische Mascarpone, Zucker und Vanilleextrakt bis eine glatte Masse entsteht.

3. Verteile die Mascarpone-Mischung gleichmäßig über die Beeren.

4. Streue jeweils einen EL gemahlene Mandeln über jede Mascarpone-Schicht.

5. Träufle vorsichtig jeweils einen TL Zitronensaft und einen halben EL Honig über jedes Pfännchen.

6. Stelle die Pfännchen in deinen Raclette Grill und lasse sie etwa 5-10 Minuten gratinieren, bis die Oberfläche leicht goldbraun ist.

7. Nimm die Pfännchen vorsichtig heraus und serviere das Dessert warm. Guten Appetit.

Pfirsichspalten mit Honig und Thymian

Zubereitungszeit: 15 Minuten
Portionen: 4

Zutaten:

- 4 reife Pfirsiche, entkernt und in Spalten geschnitten
- 4 EL Honig
- 1 TL frischer Thymian, fein gehackt

- 50 g Mandelblättchen
- 200 g Mascarpone
- 2 TL Zimtpulver
- 1 Prise Salz

Zubereitung:

1. Verteile die Pfirsichspalten gleichmäßig auf die Raclette-Pfännchen.

2. Träufle über jede Pfirsichportion etwa 1 EL Honig.

3. Streue den gehackten Thymian und eine Prise Salz über die Pfirsiche.

4. Bestreue jedes Pfännchen mit einigen Mandelblättchen.

5. Stelle die Pfännchen in den Raclette Grill und lasse die Pfirsiche etwa 5-7 Minuten garen, bis sie weich sind und der Honig leicht karamellisiert ist.

6. In der Zwischenzeit vermische den Mascarpone mit dem Zimtpulver in einer kleinen Schüssel.

7. Sobald die Pfirsiche fertig sind, gib einen Klecks der Zimt-Mascarpone-Mischung auf jedes Pfännchen.

8. Serviere die Pfirsichspalten direkt aus dem Raclette Grill. Guten Appetit.

Gebackene Feigen mit Ziegenkäse und Honig

Zubereitungszeit: 15 Minuten
Portionen: 4

Zutaten:

- 4 reife Feigen, an der Spitze kreuzweise eingeschnitten, nicht komplett durchgeschnitten
- 100 g Ziegenkäse, zerbröselt
- 4 EL Honig
- 2 EL gehackte Pistazien
- 2 TL getrockneter Rosmarin
- Frisch gemahlener weißer Pfeffer, nach Geschmack
- 1 EL Balsamico-Essig

Zubereitung:

1. Heize den Raclette Grill vor.

2. Drücke jede Feige am Einschnitt vorsichtig auseinander, sodass ein kleiner Hohlraum entsteht.

3. Fülle in diesen Hohlraum den zerbröselten Ziegenkäse.

4. Bestreue die gefüllten Feigen mit Rosmarin und füge nach Belieben Pfeffer hinzu.

5. Lege jede Feige in ein eigenes Raclette-Pfännchen.

6. Backe die Feigen unter dem Grill für ca. 6-8 Minuten, bis der Käse leicht schmilzt.

7. Nimm die Pfännchen aus dem Grill und träufle Honig sowie einen Spritzer Balsamico-Essig über jede Feige.

8. Bestreue alles zum Schluss mit gehackten Pistazien. Guten Appetit.

International

Griechische Feta-Pfännchen mit Oliven

Zubereitungszeit: 20 Minuten
Portionen: 4

Zutaten:

- 200 g Feta, gewürfelt
- 100 g Kalamata-Oliven, entsteint und halbiert
- 1 Aubergine, in dünne Scheiben geschnitten
- 2 Tomaten, in Würfel geschnitten
- 1 kleine rote Zwiebel, fein gewürfelt
- 2 EL natives Olivenöl extra
- 1 TL getrockneter Oregano
- 1 TL getrockneter Thymian
- Weißer Pfeffer, gemahlen
- Frische Minze, gehackt

Zubereitung:

1. Heize deinen Raclette Grill vor.
2. Verteile die Feta-Würfel gleichmäßig auf vier Raclette-Pfännchen.
3. Füge zu jedem Pfännchen einige Kalamata-Oliven, Auberginenscheiben, Tomatenwürfel und rote Zwiebelwürfel hinzu.
4. Träufle über jede Portion etwas Olivenöl und bestreue sie mit Oregano, Thymian und einer Prise Pfeffer.
5. Setze die Pfännchen unter den Raclette Grill und lasse sie etwa 10-15 Minuten grillen, bis der Feta leicht geschmolzen und das Gemüse zart ist.
6. Nimm die Pfännchen vorsichtig heraus und garniere sie mit Minze. Guten Appetit.

Italienische Mini-Calzoni

Zubereitungszeit: 20 Minuten
Portionen: 4

Zutaten:

- 300 g Mehl
- 1 TL Salz
- 1 TL Zucker
- 7 g Trockenhefe
- 180 ml warmes Wasser
- 2 EL natives Olivenöl extra
- 100 g Mozzarella, gewürfelt
- 50 g Salami, in kleine Stücke geschnitten
- 4 EL Tomatensauce
- 1 rote Paprika, fein gewürfelt
- 1 kleine Zwiebel, fein gehackt
- 1 TL getrockneter Oregano
- Salz und Pfeffer nach Geschmack

Zubereitung:

1. Vermische Mehl, Salz, Zucker und Trockenhefe in einer Schüssel. Füge das warme Wasser und Olivenöl hinzu und knete den Teig, bis er glatt und elastisch ist. Lasse ihn 10 Minuten ruhen.

2. Teile den Teig in 8 gleich große Stücke. Rolle jedes Stück auf einer leicht bemehlten Fläche zu einem kleinen Kreis aus.

3. Verteile auf vier Teigkreisen jeweils 1 EL Tomatensauce. Füge Mozzarella, Salami, Paprika und Zwiebel hinzu. Würze mit Oregano, Salz und Pfeffer.

4. Lege die anderen vier Teigkreise über die gefüllten und drücke die Ränder fest zusammen, um sie zu verschließen.

5. Lege die Mini-Calzoni in die Raclette-Pfännchen und backe sie unter dem Grill, bis der Teig goldbraun und der Käse geschmolzen ist.

6. Direkt aus den Pfännchen servieren. Guten Appetit.

Amerikanische Mini-Burger mit Käse

Zubereitungszeit: 20 Minuten
Portionen: 4

Zutaten:

- 400 g Rinderhackfleisch
- 4 kleine Burgerbrötchen, vorzugsweise Brioche
- 100 g Cheddar-Käse, in kleine Scheiben geschnitten
- 4 EL BBQ-Sauce
- 2 große Gewürzgurken, in Scheiben geschnitten
- 1 rote Zwiebel, in dünne Ringe geschnitten
- Einige Salatblätter, gewaschen und getrocknet
- Salz und weißer Pfeffer
- 4 TL Ranch-Dressing (optional)

Zubereitung:

1. Teile das Rinderhackfleisch in 4 gleich große Portionen, würze sie mit Salz und Pfeffer und forme daraus kleine Burger-Patties.
2. Heize den Raclette Grill vor. Lege die Patties und Zwiebelringe auf den Grill und brate sie bis zur gewünschten Garstufe.
3. Lege währenddessen die Brötchenhälften auf die Pfännchen und röste sie leicht an.
4. Belege jedes Pfännchen mit einem Patty und einer Scheibe Cheddar-Käse. Lasse den Käse kurz schmelzen.
5. Stelle die Burger zusammen: Beginne mit Salat auf der unteren Brötchenhälfte, gefolgt von Patty mit Käse, Gewürzgurken und Zwiebelringen. Gib einen Klecks BBQ-Sauce und optional Ranch-Dressing darauf.
6. Setze die obere Brötchenhälfte auf. Guten Appetit.

Französische Camembert-Ecken mit Thymianhonig

Zubereitungszeit: 20 Minuten
Portionen: 4

Zutaten:

- 200 g Camembert, in kleine Ecken geschnitten
- 4 TL Thymianhonig
- 8 Baguettescheiben, dünn geschnitten
- 2 Birnen, in dünne Scheiben geschnitten
- 60 g Walnüsse, grob gehackt
- Einige Thymianzweige, frisch
- Schwarzer Pfeffer, frisch gemahlen
- Salz, nach Geschmack

Zubereitung:

1. Heize deinen Raclette Grill vor.

2. Lege jeweils zwei Baguettescheiben in vier Raclette-Pfännchen.

3. Verteile die Camembertecken gleichmäßig auf den Baguettescheiben.

4. Gib nun auf jedes Pfännchen ein paar Birnenscheiben und bestreue sie leicht mit Salz und Pfeffer.

5. Streue die gehackten Walnüsse darüber.

6. Träufle jeweils einen Teelöffel Thymianhonig über die Zutaten in jedem Pfännchen.

7. Lege ein paar frische Thymianzweige obendrauf.

8. Setze die Pfännchen in den Raclette Grill und lasse sie etwa 5-7 Minuten grillen, bis der Camembert geschmolzen ist.

9. Sobald der Käse geschmolzen und die Baguettescheiben leicht knusprig sind, nimm die Pfännchen heraus. Guten Appetit.

Spanische Chorizo-Pfännchen mit Manchego

Zubereitungszeit: 20 Minuten
Portionen: 4

Zutaten:

- 200 g Chorizo, in dünne Scheiben geschnitten
- 150 g Manchego, grob gerieben
- 1 rote Paprika, in kleine Würfel geschnitten
- 1 Zwiebel, fein gehackt
- 2 EL natives Olivenöl extra
- 1 TL Paprikapulver, edelsüß
- 1/2 TL Chiliflocken
- 4 EL frische Petersilie, gehackt
- Salz und Pfeffer nach Geschmack

Zubereitung:

1. Erhitze das Olivenöl in einer Pfanne und brate die Zwiebeln darin, bis sie weich sind.

2. Füge die Chorizo und Paprika hinzu und brate sie für etwa 5 Minuten, bis die Chorizo knusprig wird.

3. Streue Paprikapulver und Chiliflocken darüber und rühre alles gut um.

4. Verteile die Mischung auf vier Raclette-Pfännchen.

5. Streue den geriebenen Manchego über die Chorizo-Paprika-Mischung.

6. Setze die Pfännchen in den Raclette-Grill und lasse den Käse schmelzen, bis er goldbraun ist.

7. Nimm die Pfännchen aus dem Grill, bestreue sie mit der gehackten Petersilie und würze mit Salz und Pfeffer. Guten Appetit.

Türkische Köfte mit Joghurtdip

Zubereitungszeit: 30 Minuten
Portionen: 4

Zutaten:

- 500 g Rinderhackfleisch oder Lammhackfleisch
- 1 mittelgroße Zwiebel, fein gewürfelt
- 2 Knoblauchzehen, fein gehackt
- 1 TL Kreuzkümmel
- 1 TL Paprikapulver, edelsüß
- 1/2 TL Salz
- 1/4 TL schwarzer Pfeffer
- 2 EL Petersilie, fein gehackt
- 4 EL natives Olivenöl extra
- **Für den Joghurtdip:**
- 200 g griechischer Joghurt
- 1 kleine Gurke, fein gerieben und entwässert
- 2 EL Bio-Zitronensaft
- 1 Knoblauchzehe, fein gehackt
- Salz und Pfeffer nach Geschmack

Zubereitung:

1. Vermische in einer Schüssel das Rinderhackfleisch mit Zwiebeln, Knoblauch, Kreuzkümmel, Paprikapulver, Salz, Pfeffer und Petersilie. Knete die Mischung gut durch, bis alles gleichmäßig verteilt ist.

2. Forme aus der Fleischmischung kleine, flache Köfte und lege sie auf die Pfännchen.

3. Träufle etwas Olivenöl über die Köfte.

4. Stelle die Pfännchen unter den Raclette Grill und grille die Köfte für etwa 5-7 Minuten pro Seite, bis sie gebräunt und durchgegart sind.

5. Während die Köfte grillen, bereite den Joghurtdip vor. Vermische dazu den griechischen Joghurt mit geriebener Gurke, Zitronensaft, gehacktem Knoblauch, Salz und Pfeffer. Rühre alles gut um, bis eine gleichmäßige Konsistenz entsteht.

6. Serviere die fertigen Köfte mit dem Joghurtdip. Guten Appetit.

Asiatische Gemüse-Dumplings mit Sojasauce

Zubereitungszeit: 30 Minuten
Portionen: 4

Zutaten:

- 200 g Weißkohl, fein gehackt
- 1 Karotte, gerieben
- 100 g frische Champignons, fein gehackt
- 2 Frühlingszwiebeln, fein geschnitten
- 1 EL Ingwer, fein gerieben
- 1 Knoblauchzehe, fein gehackt
- 2 EL Sojasauce
- 1 EL Sesamöl
- Salz und Pfeffer nach Geschmack
- 16 Gyoza-Teigblätter (aus dem Asia-Laden)
- 1 EL natives Olivenöl extra

Zubereitung:

1. In einer Schüssel Weißkohl, Karotte, Champignons, Frühlingszwiebeln, Ingwer und Knoblauch mischen. 1 EL Sojasauce, Sesamöl, Salz und Pfeffer hinzufügen und alles gut vermengen.

2. Lege ein Teigblatt auf eine Arbeitsfläche. Gib etwa 1 EL der Gemüsefüllung in die Mitte. Befeuchte die Ränder des Teigblatts mit Wasser und falte es zu einem Halbmond. Drücke die Ränder fest zusammen, um sie zu versiegeln. Wiederhole dies mit den restlichen Teigblättern und der Füllung.

3. Erhitze den Raclette Grill und öle die Pfännchen leicht ein. Lege jeweils 1-2 Dumplings pro Pfännchen und brate sie, bis sie auf beiden Seiten goldbraun sind, etwa 5 Minuten pro Seite.

4. Die Dumplings mit der restlichen Sojasauce servieren. Guten Appetit.

Indisches Naan-Brot mit Tandoori-Hähnchen

Zubereitungszeit: 30 Minuten
Portionen: 4

Zutaten:

- 500 g Hähnchenbrust, in Streifen geschnitten
- 2 EL Tandoori Gewürzmischung
- 200 g Naturjoghurt
- 2 Knoblauchzehen, fein gehackt
- 1 Bio-Zitrone, Saft und Abrieb
- Salz und Pfeffer nach Geschmack
- 300 g Weizenmehl
- 1 TL Backpulver
- 150 ml Wasser
- 2 EL natives Olivenöl extra
- Frische Korianderblätter, gehackt

Zubereitung:

1. Hähnchenstreifen in einer Schüssel mit Tandoori, der Hälfte des Joghurts, Knoblauch, Zitronensaft und -abrieb, Salz und Pfeffer mischen. Für 10 Minuten marinieren lassen.

2. In einer weiteren Schüssel Weizenmehl mit Backpulver, einer Prise Salz, Wasser und Olivenöl zu einem glatten Teig kneten. Den Teig in vier gleichgroße Portionen teilen.

3. Jede Teigportion auf ein Raclette-Pfännchen verteilen und dünn ausrollen.

4. Hähnchenstreifen gleichmäßig auf die Pfännchen verteilen.

5. Die Pfännchen unter den Raclette-Grill schieben und alles für etwa 10 Minuten garen, bis das Brot goldbraun und das Hähnchen durchgegart ist.

6. Die fertigen Naan-Brote mit dem restlichen Joghurt und Koriander garnieren. Guten Appetit.

Britische Mini-Ofenkartoffeln mit Sauerrahm

Zubereitungszeit: 25 Minuten
Portionen: 4

Zutaten:

- 12 kleine Kartoffeln, gewaschen und halbiert
- 2 EL natives Olivenöl extra
- 1 TL Meersalz
- 1 TL weißer Pfeffer, grob gemahlen
- 1 TL getrockneter Rosmarin
- 1 TL Senf
- 2 EL Worcestershiresauce
- 4 EL Sauerrahm
- 50 g Cheddar, gerieben
- 2 Frühlingszwiebeln, in feine Ringe geschnitten
- Frische Petersilie, gehackt

Zubereitung:

1. Heize deinen Raclette-Grill vor. Mische die halbierten Kartoffeln in einer Schüssel mit Olivenöl, Meersalz, Pfeffer, Rosmarin, Senf und Worcestershiresauce.

2. Verteile die Kartoffelhälften auf die Raclette-Pfännchen. Lass sie etwa 15 Minuten garen, bis sie weich und leicht goldbraun sind.

3. Streue etwas geriebenen Cheddar über die Kartoffeln und lass den Käse in den letzten 5 Minuten der Garzeit schmelzen.

4. Nimm die Pfännchen vom Grill und gib einen Klecks Sauerrahm auf jede Portion.

5. Bestreue die Kartoffeln mit Frühlingszwiebelringen und Petersilie. Guten Appetit.

Marokkanische Couscous-Pfännchen mit Harissa

Zubereitungszeit: 30 Minuten
Portionen: 4

Zutaten:

- 250 g Couscous
- 400 ml Gemüsebrühe
- 2 rote Paprika, gewürfelt
- 1 Zucchini, in kleine Stücke geschnitten
- 1 Aubergine, in kleine Stücke geschnitten
- 200 g Kichererbsen
- 4 EL Harissa-Paste
- 100 g Rosinen
- 2 EL natives Olivenöl extra
- 1 TL Kreuzkümmel
- 1 TL Koriander, gemahlen
- Salz und Pfeffer nach Geschmack
- 4 EL gehackte frische Petersilie

Zubereitung:

1. Den Couscous in eine Schüssel geben und mit der heißen Gemüsebrühe übergießen. Abdecken und für 5 Minuten quellen lassen, dann mit einer Gabel auflockern.

2. In einer Pfanne das Olivenöl erhitzen. Paprika, Zucchini und Aubergine hinzugeben und bei mittlerer Hitze für etwa 10 Minuten braten, bis sie weich sind.

3. Harissa, Kreuzkümmel und Koriander hinzufügen und gut umrühren. Die Kichererbsen und Rosinen dazugeben und weitere 5 Minuten kochen lassen. Mit Salz und Pfeffer abschmecken.

4. Die Gemüsemischung mit dem Couscous vermengen. Alles gleichmäßig auf vier Raclette-Pfännchen verteilen.

5. Die Pfännchen im Raclette Grill für etwa 5-10 Minuten backen, bis die Oberfläche leicht gebräunt ist.

6. Mit Petersilie bestreuen und servieren. Guten Appetit.

Japanische Teriyaki-Lachs-Würfel

Zubereitungszeit: 25 Minuten
Portionen: 4

Zutaten:

- 600 g Lachsfilet, in Würfel geschnitten
- 2 EL Sojasauce
- 1 EL Honig
- 1 EL Mirin (japanischer Reiswein)
- 1 Knoblauchzehe, fein gehackt
- 1 TL geriebener Ingwer
- 2 Frühlingszwiebeln, in dünne Ringe geschnitten
- 1 EL Sesamöl
- 1 TL Sesamsamen
- Frischer Koriander, grob gehackt
- 1 EL Sake
- 1 EL Zucker
- Reisweinessig nach Geschmack

Zubereitung:

1. In einer Schüssel Sojasauce, Honig, Mirin, Sake, Zucker, Knoblauch und Ingwer vermischen, um eine Teriyaki-Marinade herzustellen. Die Lachswürfel hinzufügen und gut vermengen. Mindestens 10 Minuten marinieren lassen.

2. Heize den Raclette Grill vor.

3. Verteile die marinierten Lachswürfel gleichmäßig auf die Raclette-Pfännchen. Gib jeweils einen Spritzer Sesamöl dazu.

4. Grill die Lachswürfel auf dem Raclette Grill für etwa 5-7 Minuten oder bis sie gar sind.

5. Garniere die fertigen Lachswürfel mit Frühlingszwiebeln, Sesamsamen und Koriander. Ein paar Tropfen Reisweinessig hinzufügen. Guten Appetit.

Thailändische Garnelen mit Zitronengras

Zubereitungszeit: 30 Minuten
Portionen: 4

Zutaten:

- 400 g Garnelen, geschält und entdarmt
- 4 Stangen Zitronengras, in dünne Ringe geschnitten
- 2 rote Chilischoten, fein gehackt
- 4 Frühlingszwiebeln, in Ringe geschnitten
- 1 EL frischer Ingwer, fein gehackt
- 2 Knoblauchzehen, fein gehackt
- 4 EL Sojasauce
- 2 EL Fischsauce
- 1 TL brauner Zucker
- 2 Bio-Limetten, Saft davon
- Frischer Koriander, grob gehackt
- 2 EL Erdnussöl

Zubereitung:

1. Zuerst die Marinade vorbereiten: In einer Schüssel Sojasauce, Fischsauce, braunen Zucker, Limettensaft, Ingwer und Knoblauch vermischen.

2. Garnelen in die Marinade geben und für etwa 15 Minuten marinieren lassen.

3. Raclette Grill vorheizen.

4. In jedes Pfännchen etwas Erdnussöl geben. Dann eine Portion der marinierten Garnelen, Zitronengras, Chili, Frühlingszwiebeln und ein paar Korianderblätter hinzufügen.

5. Die Pfännchen unter den Grill stellen und die Garnelen von beiden Seiten je 3-4 Minuten grillen, bis sie rosa und gar sind.

6. Zum Servieren mit Koriander garnieren. Guten Appetit.

Russische Mini-Piroggen mit Sauerrahm

Zubereitungszeit: 25 Minuten
Portionen: 4

Zutaten:

- 200 g Weizenmehl
- 100 ml Wasser, lauwarm
- 1 TL Salz
- 200 g Sauerkraut, fein gehackt
- 100 g Räucherlachs, in kleine Stücke geschnitten
- 50 g Zwiebeln, fein gewürfelt
- 1 EL natives Olivenöl extra
- 150 g Sauerrahm
- Frische Kräuter (z.B. Dill, Petersilie), gehackt

Zubereitung:

1. Vermische das Mehl, Wasser und Salz in einer Schüssel zu einem geschmeidigen Teig. Teile den Teig in kleine Portionen und rolle sie zu dünnen Kreisen aus.

2. Erhitze das Olivenöl in einer Pfanne und dünste die Zwiebeln, bis sie glasig sind. Füge das Sauerkraut hinzu und brate es für einige Minuten. Lass die Mischung abkühlen.

3. Lege auf jedes Teigstück etwas von der Sauerkraut-Zwiebel-Mischung und ein paar Stückchen Räucherlachs. Klappe den Teig um die Füllung und drücke die Ränder fest zusammen, um kleine Halbmonde zu formen.

4. Setze die Mini-Piroggen in die Raclette-Pfännchen und backe sie etwa 10 Minuten, bis sie goldbraun sind.

5. Serviere die Mini-Piroggen mit einem Klecks Sauerrahm und bestreue sie mit Kräutern. Guten Appetit.

Koreanische Kimchi-Pancakes

Zubereitungszeit: 20 Minuten
Portionen: 4

Zutaten:

- 150 g Weizenmehl
- 2 Bio-Eier
- 100 ml Wasser
- 1 EL Sojasauce
- 1 TL Sesamöl
- 1 TL Zucker
- 1 TL Salz
- 200 g Kimchi, fein gehackt
- 100 g Frühlingszwiebeln, fein geschnitten
- 1 Knoblauchzehe, fein gehackt
- 1 EL Gochujang (koreanische Chilipaste)
- Sonnenblumenöl zum Braten
- Sesamsamen zum Bestreuen
- 100 g geriebener Käse

Zubereitung:

1. In einer Schüssel Weizenmehl, Eier, Wasser, Sojasauce, Sesamöl, Zucker und Salz zu einem glatten Teig verrühren.

2. Kimchi, Frühlingszwiebeln, Knoblauch und Gochujang unter den Teig heben.

3. Deinen Raclette Grill vorheizen und die Pfännchen leicht mit Öl bestreichen.

4. Den Teig gleichmäßig auf die Pfännchen verteilen und unter dem Grill von beiden Seiten goldbraun backen.

5. Kurz vor dem Servieren den geriebenen Käse über die Pancakes streuen und schmelzen lassen.

6. Danach mit Sesamsamen bestreuen. Guten Appetit.

Brotzeit

Knoblauchbrotwürfel mit Kräuterseitlingen

Zubereitungszeit: 20 Minuten
Portionen: 4

Zutaten:

- 200 g Kräuterseitlinge, in Scheiben geschnitten
- 4 Scheiben rustikales Brot, in Würfel geschnitten
- 2 Knoblauchzehen, fein gehackt
- 100 g geriebener Emmentaler
- 4 EL natives Olivenöl extra
- 1 TL getrockneter Oregano
- 1 TL getrockneter Thymian
- Salz und Pfeffer nach Geschmack
- Frische Petersilie, fein gehackt

Zubereitung:

1. Heize deinen Raclette-Grill vor. Verteile die Brotwürfel und Kräuterseitling-Scheiben auf die Pfännchen.

2. In einer kleinen Schüssel vermische das Olivenöl mit dem gehackten Knoblauch, Oregano, Thymian, Salz und Pfeffer. Träufle diese Mischung gleichmäßig über die Brotwürfel und Kräuterseitlinge.

3. Streue den geriebenen Emmentaler über die Zutaten. Stelle die Pfännchen unter den Grill und lass alles ca. 5-7 Minuten backen, bis der Käse geschmolzen und leicht goldbraun ist.

4. Garniere alles mit etwas frischer Petersilie. Serviere sie warm direkt vom Raclette-Grill. Guten Appetit.

Pumpernickel mit Räucherlachs und Dill

Zubereitungszeit: 20 Minuten
Portionen: 4

Zutaten:

- 8 Scheiben Pumpernickel, halbiert
- 200 g Räucherlachs, in dünne Streifen geschnitten
- 4 EL Frischkäse
- 2 EL Dill, fein gehackt
- 1 kleine rote Zwiebel, in dünne Ringe geschnitten
- 50 g Kapern, abgetropft und gehackt
- 100 g gemischte Blattsalate, gewaschen und trocken geschleudert
- 1 TL Bio-Zitronensaft
- Salz und Pfeffer nach Geschmack

Zubereitung:

1. Nimm zuerst die halbierten Pumpernickelscheiben und lege je zwei davon in jedes Raclette-Pfännchen.

2. Streiche auf jede Pumpernickelhälfte etwas Frischkäse.

3. Verteile die Räucherlachsstreifen gleichmäßig auf dem Frischkäse.

4. Bestreue alles mit dem fein gehackten Dill.

5. Lege einige Ringe der roten Zwiebel und ein paar Kapern darauf.

6. Setze die Pfännchen in den Raclette-Grill und lasse alles für etwa 5-7 Minuten backen, bis der Pumpernickel leicht knusprig wird.

7. Währenddessen vermische den Blattsalat mit Zitronensaft, Salz und Pfeffer in einer separaten Schüssel.

8. Sobald die Pumpernickel knusprig sind, nimm die Pfännchen aus dem Grill und belege jedes mit einer Portion des gewürzten Blattsalats. Guten Appetit.

Ciabatta mit Tomaten-Oliven-Salsa

Zubereitungszeit: 20 Minuten
Portionen: 4

Zutaten:

- 1 Ciabatta, in dünne Scheiben geschnitten
- 250 g Kirschtomaten, halbiert
- 100 g schwarze Oliven, entkernt und gehackt
- 1 rote Zwiebel, fein gewürfelt
- 2 EL natives Olivenöl extra
- 2 EL Balsamico-Essig
- 1 Handvoll frischer Basilikum, grob gehackt
- Salz und Pfeffer nach Geschmack
- 100 g Feta, zerkrümelt
- 50 g Rucola

Zubereitung:

1. In einem Pfännchen die halbierten Kirschtomaten, die gehackten Oliven und die gewürfelte rote Zwiebel mischen.

2. Olivenöl und Balsamico-Essig hinzufügen und mit Salz und Pfeffer würzen.

3. Die Salsa für etwa 5 Minuten unter dem Raclette Grill erwärmen, bis die Tomaten leicht weich werden.

4. Währenddessen die Ciabatta-Scheiben auf dem oberen Teil des Grills rösten, bis sie knusprig sind.

5. Die warme Salsa auf die gerösteten Ciabattascheiben geben.

6. Mit zerkrümeltem Feta und Basilikum garnieren.

7. Zum Schluss etwas Rucola darauf verteilen und servieren. Guten Appetit.

Vollkornbrot mit Camembert und Preiselbeermarmelade

Zubereitungszeit: 15 Minuten
Portionen: 4

Zutaten:

- 8 Scheiben Vollkornbrot
- 200 g Camembert, in dünne Scheiben geschnitten
- 4 EL Preiselbeermarmelade
- 2 rote Äpfel, in dünne Scheiben geschnitten
- 100 g Walnüsse, grob gehackt
- Frischer Thymian
- Salz und frisch gemahlener weißer Pfeffer

Zubereitung:

1. Lege eine Scheibe Vollkornbrot in jedes Pfännchen.

2. Verteile darauf gleichmäßig die Camembertscheiben.

3. Gib einen EL Preiselbeermarmelade über den Camembert.

4. Belege das Ganze mit ein paar Apfelscheiben und streue einige Walnussstücke darüber.

5. Würze mit einer Prise Salz und frisch gemahlenem Pfeffer.

6. Garniere mit ein paar Thymianblättern.

7. Schiebe die Pfännchen unter den Raclette-Grill und backe, bis der Käse schmilzt und das Brot leicht knusprig wird. Guten Appetit.

Baguette mit Ratatouille-Gemüse

Zubereitungszeit: 30 Minuten
Portionen: 4

Zutaten:

- 1 Baguette, in Scheiben ge-schnitten
- 2 Zucchini, in kleine Würfel ge-schnitten
- 2 rote Paprika, in kleine Würfel geschnitten
- 1 Aubergine, in kleine Würfel geschnitten
- 2 Tomaten, gewürfelt
- 1 Zwiebel, fein gewürfelt
- 2 Knoblauchzehen, fein ge-hackt
- 50 ml natives Olivenöl extra
- Salz und Pfeffer
- 1 TL getrockneter Thymian
- 100 g geriebener Käse (z.B. Emmentaler)

Zubereitung:

1. Heize den Raclette Grill vor.

2. Vermenge Zucchini, Paprika, Aubergine, Tomaten, Zwiebel und Knoblauch in einer Schüssel mit Olivenöl, Salz, Pfeffer und Thymian.

3. Verteile die Gemüsemischung auf die Raclette-Pfännchen.

4. Streue geriebenen Käse über das Gemüse.

5. Lege die Pfännchen unter den Raclette Grill und lasse das Gemüse für etwa 10-15 Minuten garen, bis es weich ist und der Käse geschmolzen ist.

6. Währenddessen die Baguettescheiben auf dem Grillrost leicht anrösten.

7. Serviere die gegrillten Baguettescheiben zusammen mit den fertigen Ratatouille-Gemüse-Pfännchen. Guten Appetit.

Laugenbrötchen mit Obatzter und Zwiebelringen

Zubereitungszeit: ca. 20 Minuten
Portionen: 4

Zutaten:

- 4 kleine Laugenbrötchen, halbiert
- 200 g Camembert, in dünne Scheiben geschnitten
- 100 g Frischkäse
- 1 kleine Zwiebel, in Ringe geschnitten
- 1 TL Paprikapulver, edelsüß
- 1 TL Kümmel, ganz
- 2 EL weiche Butter
- Salz und Pfeffer nach Geschmack
- Schnittlauch, fein gehackt

Zubereitung:

1. Mische in einer kleinen Schüssel den Frischkäse mit dem Paprikapulver, Kümmel, Salz und Pfeffer. Rühre alles gut durch, bis eine gleichmäßige Masse entsteht.

2. Schneide die Laugenbrötchen horizontal in der Mitte durch und bestreiche jede Hälfte mit der weichen Butter.

3. Verteile den Camembert gleichmäßig auf den Brötchenhälften. Dann gib einen großzügigen Klecks des gewürzten Frischkäses darauf.

4. Lege ein paar Zwiebelringe auf jedes Brötchen.

5. Erhitze deinen Raclette Grill. Sobald er heiß ist, lege die belegten Brötchenhälften vorsichtig in die Raclette-Pfännchen.

6. Lasse die Brötchen im Raclette Grill für etwa 5-7 Minuten backen, bis der Käse geschmolzen und leicht gebräunt ist.

7. Nimm die Pfännchen aus dem Grill und garniere die Laugenbrötchen mit etwas Schnittlauch. Guten Appetit.

Roggenbrot mit Tafelspitz und Meerrettich

Zubereitungszeit: ca. 20 Minuten
Portionen: 4

Zutaten:

- 200 g Roggenbrot, in dünne Scheiben geschnitten
- 300 g Tafelspitz, bereits gekocht und in dünne Scheiben geschnitten
- 100 g frischer Meerrettich, gerieben
- 4 EL natives Olivenöl extra
- Salz und Pfeffer
- 1 Bund Schnittlauch, fein gehackt
- 4 TL Senf
- 100 g Emmentaler, gerieben

Zubereitung:

1. Erhitze deinen Raclette-Grill.

2. Verteile auf jedes Pfännchen einige Roggenbrotscheiben. Beträufle sie leicht mit Olivenöl.

3. Lege auf das Brot einige Scheiben des Tafelspitzes. Bestreue sie mit einer Prise Salz und Pfeffer.

4. Gib auf den Tafelspitz eine dünne Schicht geriebenen Meerrettich.

5. Bestreiche den Meerrettich leicht mit Senf.

6. Streue zum Schluss etwas gehackten Schnittlauch und geriebenen Emmentaler über die Zutaten.

7. Lasse die Pfännchen im Raclette-Grill, bis der Käse geschmolzen und leicht gebräunt ist. Guten Appetit.

Bauernbrot mit Leberkäse und Spiegelei

Zubereitungszeit: 20 Minuten
Portionen: 4

Zutaten:

- 8 Scheiben Bauernbrot
- 4 Scheiben Leberkäse, jeweils ca. 1 cm dick
- 4 Bio-Eier
- 2 EL Butter
- 4 TL Senf
- Salz und Pfeffer
- Frische Kräuter (z.B. Schnittlauch), fein gehackt

Zubereitung:

1. Heize den Raclette-Grill vor. Bestreiche jede Bauernbrotscheibe auf einer Seite dünn mit Senf und lege sie mit der bestrichenen Seite nach oben in die Raclette-Pfännchen.

2. Lege auf jede Brotscheibe eine Scheibe Leberkäse. Stelle die Pfännchen unter den Grill, bis der Leberkäse leicht gebräunt ist.

3. In der Zwischenzeit erhitze in einer kleinen Pfanne etwas Butter. Schlage die Eier auf und brate sie als Spiegeleier. Würze sie mit Salz und Pfeffer.

4. Sobald der Leberkäse gebräunt ist, lege ein Spiegelei auf jede Scheibe. Bestreue das Ganze mit Kräutern. Guten Appetit.

Focaccia mit Mozzarella und Pesto

Zubereitungszeit: 20 Minuten
Portionen: 4

Zutaten:

- 4 kleine Focaccia-Brote, quer halbiert
- 200 g Mozzarella, in Scheiben geschnitten
- 4 EL grünes Pesto
- 2 Tomaten, in Scheiben geschnitten
- 1 kleine rote Zwiebel, in dünne Ringe geschnitten
- 4 EL natives Olivenöl extra
- Eine Prise Salz und Pfeffer
- Frischer Basilikum, grob gehackt

Zubereitung:

1. Heize deinen Raclette-Grill vor.

2. Bestreiche jede Focaccia-Hälfte auf der Schnittfläche mit 1/2 EL Pesto.

3. Belege die mit Pesto bestrichenen Focaccia-Hälften zuerst mit Mozzarella-Scheiben, dann mit Tomatenscheiben und ein paar Zwiebelringen.

4. Würze die belegten Brote mit einer Prise Salz und Pfeffer.

5. Setze die Focaccia-Hälften in die Raclette-Pfännchen und träufle jeweils 1 EL Olivenöl darüber.

6. Lasse die Focaccia unter dem Raclette-Grill so lange backen, bis der Mozzarella geschmolzen und das Brot leicht knusprig ist.

7. Nimm die fertigen Focaccia aus den Pfännchen und garniere sie mit Basilikum. Guten Appetit.

Schwarzbrot mit Heringsstipp

Zubereitungszeit: 20 Minuten
Portionen: 4

Zutaten:

- 4 Scheiben Schwarzbrot
- 200 g Heringsfilets in Öl, abgetropft und gewürfelt
- 200 g saure Sahne
- 100 g Schmand
- 1 rote Zwiebel, fein gewürfelt
- 2 Äpfel, geschält und in kleine Würfel geschnitten
- 4 EL frisch gehackter Dill
- Salz und Pfeffer zum Abschmecken
- 1 EL Bio-Zitronensaft
- 4 EL Rapsöl

Zubereitung:

1. In jedes Pfännchen legst du eine Scheibe Schwarzbrot.

2. In einer Schüssel vermischst du die Heringsfilets, saure Sahne, Schmand, Zwiebelwürfel, Apfelwürfel und den Dill.

3. Würze die Mischung mit Salz, Pfeffer und Zitronensaft.

4. Verteile die Heringsstipp-Mischung gleichmäßig auf den Brotscheiben.

5. Gib in jedes Pfännchen einen Spritzer Rapsöl.

6. Lasse die Pfännchen unter dem Raclette Grill backen, bis das Brot knusprig und der Belag heiß ist.

7. Serviere die Pfännchen direkt vom Grill. Guten Appetit.

Snacks

Mini-Wraps mit Hähnchen Caesar Salad

Zubereitungszeit: 20 Minuten
Portionen: 4

Zutaten:

- 400 g Hähnchenbrust, in kleine Streifen geschnitten
- 8 kleine Weizentortillas
- 100 g Römersalat, gewaschen und grob zerkleinert
- 50 g Parmesan, frisch gerieben
- 2 EL natives Olivenöl extra
- 1 EL Bio-Zitronensaft
- 1 TL Dijon-Senf
- 1 Knoblauchzehe, fein gehackt
- Salz und Pfeffer nach Geschmack
- 2 EL Caesar-Dressing, fertig gekauft oder selbstgemacht

Zubereitung:

1. Vermische in einer kleinen Schüssel Olivenöl, Zitronensaft, Dijon-Senf und den gehackten Knoblauch. Würze die Hähnchenstreifen mit dieser Marinade und etwas Salz und Pfeffer.

2. Erhitze den Raclette Grill. Lege die Hähnchenstreifen in die Raclette-Pfännchen und grille sie auf der oberen Grillplatte, bis sie durchgegart und leicht gebräunt sind.

3. Währenddessen erwärme die Tortillas kurz auf dem oberen Teil des Raclette Grills, bis sie weich und leicht geröstet sind.

4. Zum Zusammenstellen der Wraps: Lege etwas Römersalat auf jede Tortilla, füge die gebratenen Hähnchenstreifen hinzu und streue Parmesan darüber.

5. Träufle etwas Caesar-Dressing über den Salat und die Hähnchenstreifen.

6. Rolle die Tortillas zu kleinen Wraps auf und serviere sie. Guten Appetit.

Räucherlachs-Röllchen mit Frischkäsefüllung

Zubereitungszeit: ca. 20 Minuten
Portionen: 4

Zutaten:

- 200 g Räucherlachs, in dünne Scheiben geschnitten
- 100 g Frischkäse
- 1 kleine rote Zwiebel, fein gewürfelt
- 1 EL frischer Dill, fein gehackt
- 2 TL Bio-Zitronensaft
- 50 g Rucola, grob gehackt
- Salz und Pfeffer nach Geschmack
- 4 Vollkorn-Wraps

Zubereitung:

1. Vermische den Frischkäse, die rote Zwiebel, den Dill und den Zitronensaft in einer kleinen Schüssel. Würze diese Mischung mit Salz und Pfeffer.
2. Breite einen Wrap auf einer sauberen Arbeitsfläche aus. Streiche eine dünne Schicht der Frischkäse-Mischung darauf.
3. Lege darauf einige Scheiben Räucherlachs und bestreue sie mit dem gehacktem Rucola.
4. Rolle den Wrap vorsichtig auf. Wiederhole dies mit den restlichen Wraps.
5. Schneide jede Rolle in etwa 2 cm dicke Scheiben.
6. Verteile die Röllchen auf die Raclette-Pfännchen und grille sie unter dem Raclette Grill, bis sie leicht knusprig sind. Guten Appetit.

Gefüllte Datteln mit Ziegenkäse und Speckmantel

Zubereitungszeit: 15 Minuten
Portionen: 4

Zutaten:

- 16 Datteln, entkernt
- 100 g Ziegenkäse, zerbröckelt
- 8 Scheiben Speck, halbiert
- 4 TL Honig
- 2 EL gehackte Walnüsse
- Frischer Thymian, fein gehackt
- Weißer Pfeffer, gemahlen

Zubereitung:

1. Schneide einen Schlitz in jede Dattel und fülle sie mit einer kleinen Menge Ziegenkäse.

2. Umwickle jede Dattel mit einer halben Scheibe Speck und sichere sie mit einem Zahnstocher.

3. Leg die gefüllten Datteln auf die Raclette-Pfännchen.

4. Träufle etwas Honig über jede Dattel und bestreue sie mit gehackten Walnüssen und Thymian.

5. Würze sie mit einer Prise weißem Pfeffer.

6. Grille die Datteln unter dem Raclette-Grill, bis der Speck knusprig und der Käse geschmolzen ist. Guten Appetit.

Kartoffel-Spinat-Nocken

Zubereitungszeit: 30 Minuten
Portionen: 4

Zutaten:

- 500 g Kartoffeln, geschält und gewürfelt
- 200 g frischer Spinat, grob gehackt
- 100 g Parmesan, fein gerieben
- 2 Bio-Eier
- 100 g Mehl
- Salz und Pfeffer
- Muskatnuss, frisch gerieben
- 2 EL natives Olivenöl extra

Zubereitung:

1. Koche die Kartoffeln in einem Topf mit Salzwasser, bis sie weich sind. Gieße das Wasser ab und zerdrücke die Kartoffeln in einer Schüssel.

2. In einer Pfanne den Spinat mit etwas Wasser dünsten, bis er zusammenfällt. Gib den Spinat zu den Kartoffeln.

3. Füge Parmesan, Eier, Mehl, eine Prise Salz, Pfeffer und eine Prise Muskatnuss hinzu. Vermenge alles gut, bis eine formbare Masse entsteht.

4. Forme aus der Masse kleine Nocken. Die Nocken sollten nicht zu groß sein, damit sie in die Raclette-Pfännchen passen.

5. Erhitze den Raclette Grill und öle die Pfännchen leicht mit Olivenöl.

6. Lege einige Nocken in jedes Pfännchen und lasse sie unter dem Grill garen, bis sie außen knusprig und innen weich sind.

7. Serviere alles direkt aus den Pfännchen. Guten Appetit.

Süßkartoffel-Crostini mit Avocado-Creme

Zubereitungszeit: 25 Minuten
Portionen: 4

Zutaten:

- 2 mittelgroße Süßkartoffeln, in 1 cm dicke Scheiben geschnitten
- 2 reife Avocados, halbiert, entkernt und geschält
- 1 kleine rote Zwiebel, fein gehackt
- 100 g Feta-Käse, zerbröckelt
- 2 EL natives Olivenöl extra
- Saft von 1/2 Bio-Zitrone
- 1 TL getrockneter Thymian
- Salz und Pfeffer nach Geschmack
- Frische Petersilie, gehackt

Zubereitung:

1. Heize deinen Raclette-Grill vor.
2. Bestreiche die Süßkartoffelscheiben leicht mit Olivenöl und würze sie mit Salz und Pfeffer. Lege sie auf den Grill und grille sie für ca. 5-6 Minuten auf jeder Seite, bis sie weich und leicht gebräunt sind.
3. Währenddessen die Avocados in einer Schüssel mit einer Gabel zerdrücken. Füge Zitronensaft, Thymian, Salz und Pfeffer hinzu und vermische alles gut.
4. Nimm die gegrillten Süßkartoffelscheiben vom Grill und lege sie in die Pfännchen.
5. Verteile die Avocado-Creme gleichmäßig auf den Süßkartoffelscheiben.
6. Bestreue sie mit Feta-Käse und roten Zwiebeln.
7. Setze die Pfännchen zurück unter den Grill und lasse den Käse leicht schmelzen, etwa 3-4 Minuten.
8. Garniere die Crostinis mit Petersilie und serviere sie. Guten Appetit.

Hähnchen-Satay mit Erdnusssauce

Zubereitungszeit: 25 Minuten
Portionen: 4

Zutaten:

- 500 g Hähnchenbrust, in Streifen geschnitten
- 2 EL Sojasauce
- 1 TL Currypulver
- 1 Knoblauchzehe, fein gehackt
- 1 EL Honig
- 1 EL Bio-Limettensaft
- 200 ml Kokosmilch, ungesüßt
- 100 g cremige Erdnussbutter
- 1 TL gemahlener Koriander
- Salz und Pfeffer nach Geschmack
- 2 EL frischer Koriander, gehackt
- 4 Holzspieße, eingeweicht in Wasser

Zubereitung:

1. Hähnchenbruststreifen mit Sojasauce, Currypulver, gehacktem Knoblauch, Honig und Limettensaft in einer Schüssel mischen. Etwa 10 Minuten marinieren lassen.

2. In der Zwischenzeit die Kokosmilch in einem kleinen Topf erwärmen, aber nicht kochen lassen. Erdnussbutter und gemahlenen Koriander hinzufügen, gut umrühren, bis eine glatte Sauce entsteht. Mit Salz und Pfeffer abschmecken.

3. Die marinierten Hähnchenstreifen auf die eingeweichten Holzspieße fädeln.

4. Diese Spieße legst du dann in die Pfännchen deines Raclette Grills.

5. Grill die Spieße auf der oberen Grillplatte, indem du sie von jeder Seite für etwa 3-5 Minuten grillst, bis das Hähnchen durchgegart und gebräunt ist.

6. Die Erdnusssauce in separate kleine Pfännchen geben und auf dem Raclette Grill erwärmen.

7. Die fertigen Spieße mit der warmen Erdnusssauce servieren und mit etwas Koriander bestreuen. Guten Appetit.

Antipasti-Spieße mit Artischocken und Oliven

Zubereitungszeit: 20 Minuten
Portionen: 4

Zutaten:

- 200 g kleine Artischockenherzen, halbiert
- 150 g grüne Oliven, entsteint
- 2 rote Paprika, in Würfel geschnitten
- 150 g Halloumi, in Würfel geschnitten
- 4 EL natives Olivenöl extra
- 1 TL getrockneter Oregano
- 1 TL getrockneter Basilikum
- 1 TL Paprikapulver, edelsüß
- Salz und Pfeffer nach Geschmack
- Einige Holzspieße, vorher in Wasser eingeweicht

Zubereitung:

1. In einer Schüssel Olivenöl, Oregano, Basilikum, Paprikapulver, Salz und Pfeffer vermischen.

2. Artischocken, Oliven, Paprikawürfel und Halloumi in die Marinade geben und gut vermischen.

3. Lasse die Zutaten für etwa 10 Minuten marinieren.

4. Fädle die marinierten Zutaten abwechselnd auf die Holzspieße.

5. Lege die Spieße in die Raclette-Pfännchen.

6. Grille die Spieße auf dem Raclette Grill, bis der Halloumi leicht gebräunt und das Gemüse weich ist. Guten Appetit.

Fleischbällchen mit Cranberry-Chutney

Zubereitungszeit: 30 Minuten
Portionen: 4

Zutaten:

- 500 g Rinderhackfleisch
- 1 mittelgroße Zwiebel, fein gehackt
- 2 Knoblauchzehen, fein gehackt
- 1 EL Senf
- 1 EL Sojasauce
- 2 TL Paprikapulver, edelsüß
- Salz und Pfeffer nach Geschmack
- 200 g frische Cranberries
- 100 ml Bio-Orangensaft
- 50 g brauner Zucker
- 1 Zimtstange
- 1 Sternanis

Zubereitung:

1. Vermenge das Rinderhackfleisch in einer Schüssel mit der gehackten Zwiebel, dem Knoblauch, Senf, Sojasauce, Paprikapulver, Salz und Pfeffer. Forme daraus kleine Bällchen.

2. Lege die Fleischbällchen in die Raclette-Pfännchen und lasse sie auf dem Raclette Grill garen, bis sie rundum gebräunt und durchgegart sind.

3. Für das Cranberry-Chutney gibst du die Cranberries, den Orangensaft, Zucker, Zimtstange und Sternanis in einen kleinen Topf. Lasse es aufkochen und dann bei niedriger Hitze köcheln, bis die Cranberries aufplatzen und die Sauce eindickt.

4. Serviere die Fleischbällchen mit dem warmen Cranberry-Chutney darüber. Guten Appetit.

Schlusswort

Liebe Leserin, lieber Leser,

wenn du diesen Text liest, hast du dich durch eine Vielzahl von Rezeptideen und kulinarischen Inspirationen hindurchgeblättert. Dafür möchte ich dir von Herzen danken. Ich hoffe, dass dieses Kochbuch für dich nicht nur eine Ansammlung von Rezepten, sondern auch eine Inspirationsquelle für eine bewusste und abwechslungsreiche Ernährung geworden ist.

Essen ist ein wichtiger und zentraler Teil unseres Lebens. Es versorgt uns nicht nur mit den notwendigen Nährstoffen, sondern bietet auch Gelegenheit für Gemeinschaft, Kreativität und Genuss. Deshalb ist es mir wichtig gewesen, Rezepte zusammenzustellen, die nicht nur gut für den Körper, sondern auch für die Seele sind. Ich hoffe, dass die Gerichte, die du aus diesem Buch zubereitest, sowohl deinen Geschmack als auch dein Wohlbefinden bereichern.

In diesem Sinne: Guten Appetit und viel Freude beim weiteren Entdecken, Experimentieren und Genießen. Und vergiss nicht, es warten noch viele weitere Rezepte darauf, von dir entdeckt zu werden.

Impressum